프랭크 로이드 라이트

자연을 품은 공간디자이너

차례
Contents

왜 위대한 건축가인가?

미국의 위대한 건축가 프랭크 로이드 라이트(Frank Lloyd Wright, 1867~1959)는 르 꼬르뷔제(Le Corbusier), 미스 반 데 로에(Mies van der Rohe)와 더불어 근대건축에 있어서 세계 3대 거장(Master)의 한 사람이다. 그는 70년이 넘는 긴 세월을 통하여 이 시대의 예술과 건축을 헌신적으로 발전시키고 이끌어왔다.

그는 인간의 진정한 가치에 기초를 둔 새로운 건축과 실내환경을 유기적으로 모색하기 위해 부단히 노력한 건

70년이 넘도록 직접 작업하는 라이트.

축가이자 교육자, 철학자, 저술가이기도 하다.

그는 민주주의를 위한 디자인(design for democracy) 그리고 언제나 새로운 창조적 정신으로 존경을 받았고, 고급주택뿐 아니라 저렴한 '유소니언 하우스(Usonian House)'를 시도했다는 점에서도 찬사를 받았다.

프랭크 로이드 라이트(이하 라이트로 표기)는 어느 건축가보다도 많은 총 1,141점을 디자인하였고, 그중 실시작품이 532점에 이르며, 지금 현재 남아 있는 작품수만도 409점으로 기록되고 있다. 그 중 1/3이상이 사적(史蹟)으로 등록될 정도로 역사적이고도 예술적인 측면에서 그 가치를 인정받고 있으며, 특히 주택작품 수가 350점이나 된다.

그는 그가 설계한 건축작품과 관련된 가구, 직물, 램프, 유리공예, 식탁용품, 은제품, 린넨, 그래픽디자인 및 조경을 직접 디자인한 토탈디자이너(Total Designer)이다. 또한 12권의 저서, 수많은 글과 미국 내외 강연회, 그리고 건축전시회를 통하여 전 세계 건축가 및 실내디자이너들에게 많은 영향과 자극을 준 선구자적 건축가이기도 하다.

라이트는 특히 자연과 친화(親和)하면서 유기적 건축(有機的 建築, Organic Architecture)을 비롯한 많은 건축디자인 원리를 정립하고, 자연에서 유추한 원리와 형태를 건축조형의 기본으로 삼았다.

그는 「탤리에신 Taliesin」과 같은 캠프를 설립함으로써 도제교육을 통하여 많은 펠로우십(fellowship)[1]들을 양성하기도 하였다. 퍽 다행스러운 사실은 지금도 위스콘신 주 스프링 그린 (Spring Green)의 「탤리에신」과 애리조나 주 스코츠데일(Scottsdale)의 「탤리에신 웨스트 Taliesin West」 두 곳에서는 많은 펠로우십들이 라이트의 정신을 계승하고 명맥을 유지하고 있다는 점이다. '탤리에신 펠로우십'은 거대한 집단을 이끌면서 설계작업과 도제교육, 그리고 노동과 사교를 통하여 많은 건축가를 양성해오고 있다.

그의 실존(實存)작품들은 미국에 크나큰 건축유산으로 남아 있다. 한 예로 얼마 전 우리나라를 방문한 엘리자베스 여왕이 하회마을을 특별히 방문했듯이 영국의 전 수상인 대처(Margaret Thatcher)가 지난 1997년 초 2박 3일의 미국방문 중 「탤리에신」을 포함했던 사실은 그의 작품이 미국의 전통건축을 대표한다는 것을 의미한다. 그의 작품들은 잘 보존되어 한 해 백만 명이 넘는 관광객이 방문하고 있다.

라이트가 세상을 떠난 지 40여 년이 지난 오늘날에도 그의 창조적 작업이나 유기적 디자인 원리는 충분한 논의의 가치가 있다고 본다. 아쉽게도 국내에서는 그의 명성이 무색할 만큼 그에 대한 깊이 있는 연구나 저술이 거의 없다. 그의 다양한 원리와 심도 있는 사상, 그리고 너무나 많은 작품들을 분석하기가 벅찼기 때문이 아닌가 생각된다.

훌륭한 어머니 안나

라이트가 이토록 위대한 건축가가 되는 데는 훌륭한 어머니 안나 존스(Anna Lloyd Jones, 1838~1923)의 영향이 크다.

라이트는 1867년 6월 8일 미국 위스콘신(Wisconsin) 주 리치랜드 센터(Richland Center)에서 태어나 1959년 4월 9일 92세로 애리조나(Arizona) 주 「탤리에신 웨스트」에서 숨을 거두었다.

영국 웨일스(Wales) 출신의 외조부 리차드 존스(Richard Lloyd Jones, 1799~1885)는 선교사이면서 웨일스식 모자를 만들어 파는 사람이었다. 그들은 1884년 7명의 가족을 이끌고 영국 웨일스를 떠나 정의와 인간의 권리가 보장되는 새로운 땅 미국으로 이주하였다.

그들은 미국을 가로질러 중서부지방인 위스콘신까지 여행

하였고, 위스콘신 남서쪽의 작은 마을 익소니아(Ixonia)에서 6년 간 정착하였다. 그 기간 동안 4명의 아이들이 더 태어났고, 그 들은 다시 한 번 위스콘신 강 상류로 이동하여 그들의 고향이 었던 웨일스를 연상케 하는 녹색의 계곡을 발견하게 되었다.

그곳은 원시림으로 뒤덮인 완만한 경사지에 땅이 비옥하고 샘과 시냇물이 풍부한 곳이었다. 또한 주변에는 인디언들이 거주하고 있었는데, 그들은 위스콘신에 정착하려는 개척자들 을 우정으로 받아주었다. 외조부 리차드는 그곳에 집과 농장 을 만들어 정착하게 되었는데, 후에 라이트가 그 유명한 「텔 리에신」을 건설하게 된 곳이기도 하다.

어머니 안나는 미국으로 이주해올 때 6살의 어린 나이였다. 그 녀는 29세 때 동부에서 온 42세의 윌리엄 라이트(William Russell Carey Wright, 1825~1904)와 결혼하게 되었다. 라이트의 아버 지인 윌리엄은 하버드대학에서 의학과 법학공부를 하였으나 음악과 문학에 소질이 있어 노래와 작문을 가르치는 선교사이 자 음악가가 되었다. 그는 마을을 순회하던 중 안나와 축제에 서 만나 사랑하게 되어 재혼을 하였다.

안나는 첫 임심을 했을 때 아들이길 바랐고, 그 아들이 태 어나 위대한 건축가가 되길 기원하였다고 한다.

그녀는 훌륭한 건축가 아들을 낳기 위해 태교에 많은 신경 을 썼다. 방에는 아름다운 대성당의 건축사진과 조각 그리고 좋은 그림을 걸어두었으며, 음악을 즐겨듣고, 자주 산책하면 서 야생화를 수집하였다. 그리하여 소중한 아들을 출생하게 되었는데 그의 방에 아름다운 대성당의 조각을 걸기도 했다. 안나는 가난하지만 아들에게만은 최상의 것을 주려 노력하였다. 음식까지도 자연산이 아닌 것은 먹지도 못하게 하였다. 따라서 아들도 어머니의 뜻에 따라 엄격한 규율 속에 성장하였다.

그러나 계곡에서의 생활이 고되고 문화를 접할 수가 없어 동부의 지적인 분위기를 접하기 위하여 매사추세츠(Massachusetts)주 웨이마우스(Weymouth)로 이주하게 된다.

아버지는 그곳에 정착하여 침례교 목사로서 생계를 유지하고, 어머니는 어려운 가운데도 아들을 가장 좋은 사립학교에 다니게 하였다.

그의 아버지는 아들에게 오랜 시간 좋은 음악을 듣게 하고 그 음악이 작곡된 경위까지도 설명해 주었다. 밤에는 직접 음악 연주를 들려주며 연주된 모든 음들이 서로 연관된 채 형상(shape)을 취하고 다양한 형태(form)를 생성할 수 있다는 것을 일깨워주었다. 그는 이러한 아버지의 영향으로 '음의 구성'이라는 것을 알게 되어 후에 음악적 시각으로 건축을 보게 되었다.

라이트는 일곱 살 때부터 교회에서 아버지 일을 도왔는데, 아버지가 바하를 연주하는 동안 거대한 오르간이 놓인 뒷방에서 오르간의 바람을 펌프질해야 했다.

아버지는 아들에게 피아노를 열심히 치게 하였고, 그림을 그리고 훌륭한 문학작품을 읽게 했으며, 어머니는 저녁에 종종 시를 읽어주었다.

어머니는 필라델피아 백주년기념 박람회장에서 프뢰벨(Friedrich Froebel)2)의 유치원시스템에 속하는 장난감을 발견하고, 그것을 사서 라이트에게 가르치게 된다. 그 혁신적인 장난감은 어린이들이 다양한 형태와 색상을 배움으로써 디자인을 창조하고 조합할 수 있는 무수한 방법을 알 수 있도록 한 것이다.

프뢰벨 블록(Froebel Block)은 눈의 결정체(snow flake), 조가비 크리스탈(shell crystal), 다양한 꽃잎과 나뭇잎들에 대한 면밀한 연구 아래서 추상적패턴과 수학적구조를 펼쳐보이는 것이었다.

이러한 프뢰벨 선물은 모든 자연의 실질적인 단위 시스템(unit system)을 펼쳐냈는데, 이 원리는 후에 건축가가 된 라이트 작품에 적용된 중요 이론이 되었다. 프뢰벨 블록 교육을 통해 '원은 무한함을, 사각은 완전함을, 삼각형은 포부를 나타낸다'는 것을 체득하게 된 것이다.

수년 후 라이트는 자신의 첫 번째 형태에 대한 시도를 통해 직선, 평화면(fat plane), 정방형, 삼각형, 원에 대해 다음과 같이 그 의미를 말하고 있다. 즉, 정육각형을 낳게 한 것은 삼각형의 변형이고, 원은 팔각형을 만들 수 있는 직선의 변형이며, 정방형은 정육면체(cube)를, 삼각형은 사면체(四面体)를, 원은 구(球)가 될 수 있다.

두 누이동생 제인(Jane, 1869~1953)과 매기넬(Maginel, 1877~1966)이 태어나고, 갈수록 가난이 더해지자 어머니 안나는 위스콘신으로 되돌아가기를 열망하였다. 1880년 그들은 위스콘신 주 매디슨(Madison)으로 이주하게 된다.

안나는 라이트의 빠른 성장을 주시하면서 자기 남동생인 제임스(James, 1850~1907)에게 부탁하여 11살이 된 아들을 그의 농장에서 일하게 했다. 위스콘신 주립대학의 이사였던 외삼촌 제임스는 어린 조카를 데려가 봄과 여름에는 노동을 시켰고, 가을에는 매디슨의 사립학교에서 공부를 시켰다. 외삼촌의 농장에서 보낸 5년은 어린 라이트의 성격을 형성한 가장 중요한 시간이었다. 그는 일생을 통하여 고생스러웠던 어린시절을 종종 회상하면서 그 시절의 로맨스와 자연의 아름다움을 떠올린다. 또한 자신의 인성을 형성시켜준 그때의 힘들었던 노동의 존엄성도 회고했다고 한다.

라이트는 외삼촌의 엄격한 규율을 따라 매일 아침 4시에 일어나 힘든 일을 하면서 4계절의 변화와 신비스러운 삶의 조류를 체득하였다. 마치 심포니에서 리듬을 느끼듯 자연의 리듬을 느꼈으며, 막내 외삼촌 에노스(Enos, 1853~1941)로부터는 "노동은 강자를 창조하고 약자를 조절하는 도전"이라고 들었다. 이러한 체험은 그의 작품에 많은 영감을 주게 되었다.

그는 건축가가 될 것을 결심하여 16살에 매디슨에 있는 위스콘신 대학에 입학하였다. 건축에 관한 적합한 과목이 없어서 실질적인 경험을 쌓기 위해 엔지니어링반에 들어갔다. 그는 농장에서 받은 임금으로 한 달에 19달러씩 저축한 돈과 어머니가 조상들의 전례품인 금시계, 가죽으로 싼 책, 가구들을 판 돈으로 학비를 마련했다. 수입이 거의 없는 집에서는 필수적인 것조차 여유가 없어져 부모의 관계가 계속 악화되었다. 결국 긍지와 예술적 감성을 지닌 아버지는 가족을 떠나게 되었다.

그는 공학부장인 앨런 코노버(Allen D. Conover) 교수 밑에서는 제도사로 일하면서 적은 돈을 받을 수 있었다. 그에게서는 형식적인 교육보다 실질적인 경험을 배운 것이 더 많았다. 즉, 디자인 이전에 기본 구조분야의 기술적인 실습을 받아 '구조는 수단이고 건축은 결과이다. 건축가가 구조계획을 할 때 재료를 그 성질에 맞게 써야 한다'는 사실을 터득하기 시작했다.

그가 매디슨에 체류하는 동안 의사당이 붕괴되어 수많은 사람이 희생되는 사건을 목격한 일이 있다. 사고의 원인은 모든 건설을 시공자에게만 의존했기 때문이었다. 라이트는 건설업자의 비리로 무수한 사람이 희생된 것을 보고 '건축가는 자신이 설계한 건물을 끝까지 돌보아야 한다'는 것을 느꼈다.

위스콘신 대학에서 3년 반을 지낸 그는 형식적인 대학교육에서 벗어나 자유로운 시간을 보내기 위해 시카고(Chicago)로 떠나오게 되었다.

시카고 학파의 거장 설리번의 영향

라이트는 1887년 초 본격적인 건축입문을 위해 매디슨을 떠나 대도시인 시카고로 갔다. 그는 도시를 배회하다가 겨우 실스비(Lyman Silsbee) 사무실에 제도사로 취직되어 '장식문양'에 많은 관심을 갖게 되었다. 이때 체득한 장식적 영향은 그후 그의 작품에도 나타나게 된다.

그 해 라이트는 그가 평생의 스승이라고 생각해온 당시 시카고학파(Chicago School)의 거장 루이스 설리번(Louis H. Sullivan, 1856~1924) 사무소로 옮겨 「시카고 오디토리엄 빌딩 Chicago Auditorium Building」(1886~1889) 설계에 참여하게 되었다. 그는 설리번의 본질적인 건축사상을 이해하게 되었고, 이후 스승의 신임을 받아 사무실을 따로 마련하여 30여 명을 통솔하며 주택설계의 대부분을 담당하게 되었다.

당시 설리번의 작품은 가장 혁신적이었고, 마천루(skyscraper)에 대해 새로운 이미지를 구축하고 있는 때였다. 라이트는 스승의 프리핸드 드로잉(freehand drawing)을 존경했다. 그래서 그는 설리번의 장식적이고도 화려한 요소를 자기 작품에 합치시키려고 노력했다.

설리번은 자연에 근거한 유기주의(有機主義)의 총합과 '형태는 기능을 따른다(Form follows function)'는 명제를 내세운 선구자이다. 후에 라이트는 이를 '형태와 기능은 하나이다'라고 개정하기도 하였다. 이러한 사상을 쉽게 받아들여 계승할 수 있었던 것은 성장기에 자연의 섭리를 깨우친 덕분일 것이다.

설리번은 미국건축이 전통이나 유럽양식에 근거를 두지 않고 미국 스스로에 기초를 두고 있다고 믿었으며, 이러한 생각도 라이트가 전개시켰던 작가적 사상의 기초가 되었다.

라이트는 설리번의 사무실에서 근무하는 동안 자신의 건축사상을 확립하였다. '미(美)'라는 것은 기능이나 형태의 불가피한 부산물로서 존재하는 것이 아니고, 기능이나 형태에 내재하고 있다는 것을 배웠다. 그리고 유기론(有機論)3)을 전수받아 꾸준히 계승·발전시킨 끝에 훗날 유기적 건축으로 대성하는 작가가 된 것이다.

설리번 밑에서 일하고 있던 1889년, 라이트는 오크파크(Oak Park)에서 온 토빈(Catherine Tobin)과 결혼하게 되고, 사무실에서 돈을 빌려 오크파크에 조그만 집을 마련하게 된다.

그 집이 현재 「라이트의 집 겸 스튜디오」이다.

이때부터가 라이트의 제1전성기로 첫 아들인 로이드 주니어(Lloyd Jr.)가 태어났다. 그가 계속해서 6명의 자녀를 두게 되자 늘어나는 가족의 부양을 위해 회사 밖에서 개인적으로 주택설계를 수주한 것이 발각되어 결국 설리번과 1893년에 헤어진다.

그러나 오랜 세월이 흐른 뒤에도 설리번과의 우정은 계속되었으며, 그는 종종 설리번을 '자비로운 대가(大家)' 혹은 '소중한 스승'이라고 언급했다.

라이트는 설리번과 결별 후 오랜 친구인 세실 코윈(Cecil Corwin)과 함께 시카고의 「쉴러빌딩(Schiller Building)」(1892년 설리번 설계)에 처음으로 사무실을 개설하게 된다. 그 후 그의 오크파크 집에 스튜디오를 증축하여 작업실을 겸하게 되면서 본격적인 설계작업을 시작하게 된다. 그가 오크파크에 정주하게 됨에 따라 그 주변에 많은 작품을 남기게 된다.

「라이트의 집 겸 스튜디오 Home & Studio」
(Oak Park, IL, 1889~1893)

라이트 최초의 집을 겸한 스튜디오는 시카고 서쪽 오크파크에 위치하며, 이곳은 그의 많은 주택작품들이 현존하고 있어서 라이트의 역사적 보존지역으로 지정되고 있는 곳이다.

스튜디오와 주거부분의 출입구는 구분되어 있으나 내부적

으로는 연결되어 있다.

주거부분의 공간구성은 매우 유기적으로 연관되어 있다. 즉, 공간과 공간 사이에 개구부를 두어 공간의 연속성을 고려한 작품이다. 상층에는 침실과 어린이 놀이방이 있는데 경사지붕을 이용하여 높은 천장고(天障高)를 유지하고 있다. 스튜디오의 평면계획은 주로 정방형을 기본으로 구성되었다.

「라이트의 집 겸 스튜디오」 전경.

「라이트의 집 겸 스튜디오」 1층 평면도.

디자인 이념과 자연관

라이트의 건축은 1893년 독자적인 디자인 작업의 시작부터 자연관, 유기성, 중서부의 프레리(Midwestern Prairie)[4], 모더니즘, 그리고 건축을 통한 미국의 정체성 탐구에 초점을 두었다.

그리고 주거건축의 유형들은 「윈슬로우 저택 Winslow House」을 시작으로 ①프레리 하우스(Prairie House), ②콘크리트 텍스타일 블록(Textile block)을 이용한 주택, ③1920년대 다른 지역의 주거건축, ④유소니언 하우스들로 구분된다.

그의 디자인 시스템은 격자에 의해 이루어진 사각형과 원과 삼각형 등의 기본도형을 사용하였으며, 건축재료와 시공방법에 따라 건축의 조화를 이루도록 하였다. 또한 그의 디자인 작업은 자연의 질서와 깊이 연관되며, 물리적인 형태와 자연

과의 상관성이 인간의 정
신상태를 상승시킨다고 믿
었다.

그의 작품과 디자인은
기술, 자연, 민주주의에 대
한 깊은 뜻을 내포하고 있
다. 그는 모더니즘을 강렬
하게 부정했지만 실지로
그의 작품은 모더니즘 발
전과의 관계 속에 이룩되
었다고 볼 수 있다.

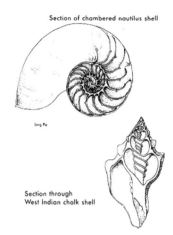

자연형태 유추를 위한 달팽이와 소라의 단면도.

라이트의 건축디자인 이념 중 자연관(principle of nature)은
다음과 같다.

라이트는 성장기부터 노동의 존엄성과 자연에 대한 섭리를
터득하였으며, 자연은 그에게 많은 영감을 주어 자연에서 유
추된 형태들이 그의 건축조형의 기본이 되었다. 그는 자연을
신비하게 여기며 깊은 신념을 가지고 주변과 조화되는 건축을
창조해왔다. 그는 건축의 본질적인 원리를 추구하면서 자연이
란 대명제 속에서 건축을 보았고, 자연과 건축의 통일 원리로
서 유기성을 주장하게 되었다. 즉, 전 생애를 통하여 자연 형
태에 내재된 법칙과 질서를 추구하면서 자연 사이의 유기적
통합을 이루고자 했다.[5]

후에 그는 제자들에게 "자연을 배우고 사랑하며, 항상 그

건축의 유기성과 캔틸레버의 원리를
나타내는 나무 모양.

곁에 있도록 하라. 자연은 결코 우리를 실망시키지 않을 것이다"라고 충고하였다.

그는 인간이 자연과 친화할수록 정신적으로나 육체적으로 행복할 것이라고 믿어왔다. 그런 점에서 건축은 자연조건이나 경관이 좋은 곳에 위치하여야 하며, 아름다운 자연이 주는 기쁨과 경이로움을 사람들이 경험할 수 있도록 배치계획이나 환경디자인에 신경을 써야 한다고 주장해왔다. 따라서 그의 작품은 자연과 잘 어우러진다. 건축물이 토지와 함께 편안하고 나무와 친밀한 관계를 유지하도록 디자인되었으며, 내부와 외부를 같은 재료와 공법으로 처리함으로써 내·외부공간의 차이를 극소화시켰다.

라이트는 강한 수평선을 강조하고 있다. 이는 건축이 자연과 만나는 부위에서 벽면이 지면에 정착하지 못하게 하는 기법으로 건축은 '자연에의 장식(nature as ornament)'으로 제시되고, 자연이 돋보여야 한다는 생각에서 비롯된 것이다. 따라서 건축의 기하학적 형태와 그것의 연장으로서 낮은 담, 화단, 울타리, 정원, 보도에 의한 수평이 강조된다. .

라이트는 식물의 줄기나 새와 곤충의 날개문양에서 캔틸레버(cantilever)[6]를 창안해 냈다. 캔틸레버는 구조상 가장 로맨틱한 것으로 생각되었다. 라이트는 이 새로운 수법을 건축의 주요 도구로 적용하였다. 그는 자연과 건축과의 관계에서 재료를 인간의 감수성을 좌우하는 가장 중요한 디자인요소로 보았다. 그는 자연에서 온 재료들을 선호하였고, 각 재료의 본질을 파악하려고 노력하였으며, 재료의 솔직한 표현이 장식적 가치를 부여한다고 생각했다. 특히 '돌'의 자연성을 강조하고, '나무'를 가장 친근하고 아름다운 재료로 즐겨 사용했다. 그리고 '벽돌'은 오래된 양탄자와도 같이 부드럽게 생각했고, 지붕 끝의 '동판'은 풍부한 녹청(綠靑)색을 띠며 시간을 두고 변화된 거대한 힘을 나타낸다고 보았다.

'유리'는 건축재료 중 가장 역설적인 재료이다. 라이트는 유리를 매우 좋아했는데 내·외부를 유기적으로 연관시켜주면서 외부의 경치를 개방시켜주기도 하고 풍경을 반사시켜주기 때문이다. 또한 유리를 장식의 대상으로 보았기 때문에 식물의 문양이나 곤충의 날개 또는 인디언의 깃털 등을 응용하여 창을 기하학적으로 디자인하였다.

라이트는 석고, 나무, 벽돌, 돌, 풀로 된 벽재료의 질감과 색채를 좋아했다. 특히 황갈색(golden brown), 올리브 녹색(olive green), 적갈색(tan) 등을 좋아했는데, 산책을 할 때 땅과 가랑잎을 보면서 색채를 선택하였다고 한다. 때로는 저녁 노을이나 연못의 그림자 색상을 띠는 무지개빛의 창틀색을 사용하기도 하였다.

「존슨 왁스 본사」 정원의 인디언 모양의 조각.

라이트의 외조부가 위스콘신 강변 골짜기의 인디언과 친숙한 마을에 정착하였기 때문에 그는 인디언의 낭만적인 이미지를 좋아하게 되었다. 그 결과 인디언 이미지의 조각이나 문양을 그의 건축 여러 곳에서 엿볼 수 있다.

결론적으로 자연은 라이트의 건축을 남성적으로 만들었고, 그를 관대하고 화려한 것을 향하도록 일러주었으며, 자연과 그 섭리를 사랑하게 만들었다. 따라서 그는 자연을 모티브로 건축을 조형하였으며, 자연을 함축한 건축작품을 세상에 남기게 되었다.

그의 자연관은 프레리 스타일(Prairie Style)과 유기적 건축에 잘 나타난다.

자연에 순응하는 프레리 하우스

라이트는 설리번과 헤어져 독자적 사무실을 마련하면서 그의 첫 번째 고객으로 일리노이 주 리버 포레스트(River Forest)에 거주하는 윈슬로우(William Winslow)를 만나게 된다.

1893년에 완성된 「윈슬로우 저택」은 당시 전통적인 주택 양식에서 벗어난 작품으로 프레리 하우스 시리즈 중 최초로 완성된 걸작이다. 이 주택의 입면에는 같은 해 열렸던 시카고 만국박람회에서 영향을 받은 4각의 창과 수평으로 긴 창이 적용되었다. 이후 이 주택은 도처에서 인용되었고, 유럽에까지 유행하게 된다.

이 시기의 절정이라고 할 수 있는 대표작으로는 「허틀리 저택 Heurtley House」(Oak Park, 1902), 「다나 저택 Dana House」

(Springfield, 1903), 「마틴 저택 Martin House」(Buffalo, 1904), 「쿤리 저택 Coonley House」(Riverside, 1908), 「로비 저택 Robie House」(Chicago, 1909) 등 140개 정도의 주택설계와 50개에 가까운 많은 계획안을 들 수 있는데, 그는 미국의 전통주택인 프레리 하우스 시리즈를 발표하며 자신의 주택관을 확립하게 된다.

중서부의 프레리 하우스란 1900년부터 1911년 사이에 그가 설계한 일종의 주택설계를 의미한다. 그 자신은 프레리 하우스란 용어를 사용하지는 않았지만, 이는 시카고와 그 교외에 있는 중서부 초원에 가장 적절하다고 생각되는 주택을 의미한다.

그가 의도한 프레리 하우스의 의미는 다음과 같은 글에서 알 수 있겠다. 그는 건축 잡지 『건축 레코드 *Architecture Record*』 1908년 3월 호에 "중서부에 살고 있는 우리들은 초원에 살고 있다. 초원은 그 나름대로 아름다움을 지니고 있으며, 우리는 그 자연미와 평온함을 인식하고 강조해야 한다. 그러므로 완만한 경사지붕, 수평적 비례, 평온한 스카이라인, 굴뚝과 깊은 처마, 낮은 테라스와 개인 정원을 나타내는 헛벽 등을 사용하였다"고 설명하고 있다. 그리고 1932년 처음으로 출판한 자서전에서도 "나는 본능적으로 순박한 그 초원을 매우 좋아하고, 나무·꽃·하늘·대조적인 스릴 등을 무척 좋아한다"고 서술하고 있다.

프레리 하우스는 고전적인 축(軸)을 사용한 평면에서는 십자형이 지배적이다. 벽난로(fire place)를 중심으로 십자형 구성이거나 수평적으로 회전하고 있는데 이 벽난로가 대지의 중심이라는 상징적인 역할을 한다. 십자형은 보통 대칭이지만, 비대칭이거나 혹은 더 복잡한 구성이 되기도 한다.

'프레리 하우스'라는 새로운 건축언어는 하루아침에 생겨난 것은 아니고 「윈슬로우 저택」 이후 진화된 생각과 형태를 이루는 데 7년이 소요되었다.

프레리 하우스의 특성 중 하나는 개방된 평면(open plan)이 파티션(partition)이나 문보다는 간단한 건축 장치(스크린7)이나 가구)로 구획되었다는 점이다. 또한 전망을 위해 지하층을 지면에서 올리고 그 위에 상층부를 올림으로써 지하층이 상층부의 받침대 역할을 하게 했다. 오늘날 반 지하 처리의 시작이라고 볼 수 있다. 2층 창은 처마 밑에 수평 띠를 돌려 벽과 지붕을 분리시킴으로써 서로의 성격이 분명하게 하며, 수평을 강조한다는 의미를 갖는다. 또한 깊게 내민 처마 밑을 밝게 처리함으로써 어둡기 쉬운 방에 반사광선을 전달하였다.

「윈슬로우 저택 William H. Winslow House」
(River Forest, IL, 1893~1894)

프레리 하우스 최초의 걸작으로 품위 있고 개방적인 비례감을 잘 나타낸 작품이다. 이 집은 단순한 힘, 수평면의 강조, 넓은 경사지붕, 깊은 처마, 로마벽돌의 노출사용 등 주거건축의 새로운 시작인 동시에 이후 전개된 대전원주택의 시작이었

프레리 하우스의 특성이 잘 나타난 「윈슬로우 저택」의 전경.

다. 또한 젊은 라이트가 대가임을 보여준 저택이기도 하다. 평면구성은 벽난로를 중심으로 4각형 공간들이 에워싼 고전적 수법으로 중서부지역의 혹독한 기후를 위한 해결책을 제시했다. 이는 미국 중서부지역의 전통주거형식이 되었다.

외부조형은 급경사의 모임지붕(사각형의 지붕모서리가 중앙으로 향해 모인 형식)으로 중심부의 굴뚝이 강조되고, 벽면들은 수평을 강조하였다. 지붕과의 독립성을 위해 2층 상벽(上壁)을 후퇴시키고 전면부의 액자창이 출입문 좌우에 대칭이 되도록 한 것이 특징이다. 당시 유명한 건축가이며 윈슬로우의 친구였던 번햄(Daniel B. Burnham)은 자주 이 저택을 방문하여 칭찬을 아끼지 않았는데 "그리스 건축도 이 저택을 능가하지 못하며, 1893년에 개최된 시카고박람회가 고전예술의 대표였듯이 이 저택은 미국문화에 큰 영향력을 발휘할 것"이라고 확신했다.

「로미오와 줄리엣 타워 Tower Romeo & Juliet」(Taliesin, WI, 1896)

건축의 유연성과 연속성을
나타낸 풍차탑.

그의 숙모로부터 의뢰받은 풍차탑 「로미오와 줄리엣」은 「탤리에신」의 「힐사이드 홈 스쿨(Hillside Home School)」과 계곡을 바라보게 세워진 것이다. 이 작품은 선구적 개념으로 건축되어 숙모는 물론 계곡의 많은 사람들에게 열광적인 찬사를 받았다. 20세기가 시작되기 4년 전 패스토랄 위스콘신(Pastoral Wisconsin) 계곡에 세워진 이 타워는 새로운 구조적 아이디어로 건축물이 유연성과 연속성을 가져야 한다는 원리를 알려주었다.

미국의 대초원을 위한 건축

20세기에 들어선 미국은 아직도 빅토리아식 전통에 잠들어 있으면서 독자적인 문화를 발전시키지 못하여왔다. 당시 미국의 전통적인 집은 유행에 따르고 있었다. 그 시대 건축가의 역할은 고객의 취향에 따라 주문대로 선택만 해주는 것이었다. 그러나 젊은 건축가 라이트는 새 시대 새로운 집은 다양한 취향을 담고 있어야 하며, 과거 유럽풍이 아니어야 한다고 생각했다. 그리고 그는 중서부 전원의 광범한 대지를 사랑했고, 집들은 그 땅 위에 단순히 서야 한다고 느꼈다. 본능적으로 안식처(shelter)가 아름다움에 대한 인간의 욕구를 충족시킨다는 것을 알게 되었다.

라이트는 대초원에 속하는 건축은 인간과 그 환경 사이에 자연적 조화를 창조해 나아가는 작업이라고 믿었다. 그가 밝힌 '유기적 건축'은 고객의 요구를 수용하면서 그 대지의 자연환경과 자연으로부터 나온 재료를 반영하는 것이다.

그 당시 작품들은 주로 프레리 하우스를 위한 것으로서, 대지의 길고 낮은 수평선을 강조하였다. 이 주택들은 완만한 경사지붕과 깊은 차양, 지하층이나 다락이 없고, 수평적 요소로 강조된 긴 여닫이창을 갖추고 있다.

당연히 자연적인 재료가 우선시되었으며, 목공예품들은 가공은 하되 채색하지 않아 자연스러움이 그대로 나타나도록 하였다. 이것이 그가 주장하는 미국 토착건축의 창조이다. 다른 시카고의 건축가들도 이러한 방식으로 일하면서 그런 경향이 '프레리 학파(Prairie School)'로 알려지게 되었다. 비록 라이트 자신은 그러한 명칭을 거부했을지라도 그는 그 학파의 대표자가 되었다.

라이트는 프레리 하우스에 속하는 건축은 수평선의 단순성에 기초를 두어야 한다고 믿었다. 그리고 자유로운 공간감을 가져야 하고, 천장을 경사지게 하여 내부공간을 상자와 같은 공간에서 벗어나게 해야 한다고 생각했다.

집은 인간을 위해 자연에서 보호되어야 하지만 가장 아름다운 자연을 외면하지 않기 위해 외벽은 지붕을 지지하는 최소한만 두고 자유롭게 개방시킨다. 밖으로 통하는 유리문을 바닥까지 낮추어 정원과 아름다운 풍경을 볼 수 있게 했다. 따라서 외부환경과 내부공간은 밀접한 관계를 맺게 된다. 프레리 하우스에서는 지붕창, 박공지붕(건축물의 측면에 추녀가 없이 벽이 삼각형으로 용마루 밑까지 만들어진 지붕) 등 불필요하게 높은 빅토리아풍이 사라지고, 테라스와 정원에서 진입하는 넓은 방이 등장한다.

그는 깊고 넓은 벽난로에서 타오르는 불을 바라보기 좋아했다. 관습적인 응접실을 없애고, 큰 거실을 만들어 식당과 서재를 포함시켰다. 나무의 구조와 연관해서 나무가 뿌리로부터 가지로 뻗어가듯 새 집의 개념도 중심으로부터 모두 확산되어 연속성을 갖는 개념이다.

그 시대에 유행하던 눈부신 로코코장식은 라이트의 단순하고 우아한 유기적 개념에 양보하게 된다. 그는 직선의 패턴으로 만들어진 가구를 이용하여 그 집의 성격과 규모에 맞게 모든 가구를 배치한다.

조각이 새겨진 '나무'는 길게 칠하여 부드럽고 따뜻한 분위기를 풍기고 벽지와 칠은 자연스러운 조화를 나타낸다. 석고와 스터코(stucco, 치장 벽토)는 질감을 잘 살려 풍부한 대지의 색상을 내기 위해 염색되었다. '돌'은 그 무게와 힘의 느낌으로 넓은 굴뚝에 쓰였고, 벽과 테라스를 보호하는 데도 사용되었다. '벽돌'은 테라코타(terra-cotta) 색상으로 수평선을 강조하

여 예술성을 나타냈다. '유리'는 실내를 외부와 융화시키는 데
사용된다.

'장식'은 재료의 성질에 따라 구조물에 없어서는 안 될 꽃을
사용하였다. 그는 기계가 예술가의 손에 의해 유용한 도구가
될 수 있으며, 디자인의 아름다움을 나타낼 수 있다고 보았다.

직선패턴의 금속과 유리는 창문을 위한 미묘한 추상그림이
되었으며, 종종 보석과 같은 색상을 내기 위해 유백광을 띠는
무지갯빛 유리를 사용하였다. 그가 선택한 재료는 자체의 구
조와 성질이 잘 드러났다. 그가 '자연의 재료'라고 불렀던 이
러한 원칙들이 그의 건축에 기본이 되었다.

또한 그는 어떤 건축이든지 인간과 관련된 건축이어야 한
다고 주장했다. 무엇보다도 건축은 동질성, 예술성이 있는 요
소들이 진실해야 한다고 믿었다. 부분에서 전체에 이르는 연
속성, 평면과 입면, 주 구조와 상세의 연속성이 발전되어 후에
이를 '유기적 건축'이라고 부르게 되었다.

유기적 건축

"유기적 건축은, 그 외부조건과의 조화 없이 응용된 건축이 아니라, 건축 자체의 조건(condition)과 조화되는 외부로부터 발전하는 건축을 의미한다"라고 라이트는 말했다.

'유기적'이란 말의 의미는 건축은 환경과 혼화되어야 하고, 건축이 놓이는 대지와 자연이 영감을 주고 받아야 한다는 뜻이다. 즉, 꽃과 나무의 각 부분이 전체와 연관되듯 건축물의 각 공간은 연속성을 갖고, 내외공간은 유기적 관계를 가져야 한다. 따라서 그의 작품은 건축뿐 아니라 그와 관계되는 가구, 직물, 조명, 유리예술, 식탁보, 조경까지 토탈디자인8)되었다.

유기적 건축의 4가지 원리(Organic Design Principles)는 다음과 같다.

① 네모 상자와 같은 내부공간이나 외형을 지양하기 위해 모서리에 창을 두거나 기둥을 원형으로 처리하고, 캔틸레버로 돌출된 지붕을 깊게 형성함으로써 자연과의 접속을 도모하는 일이다. 이 밖에 내부공간의 벽과 천장을 일체화시키기도 하고 천장을 경사지게 하기도 한다.

② 대지의 개성을 최대로 살려 자연환경과 조화를 이루고, 자연조건을 이용하는 배치계획을 세운다.

③ 돌·목재·벽돌과 같은 자연재료를 되도록 가공하지 않고 사용한다. 내부와 외부의 재료를 동일한 것으로 사용하고 같은 수법으로 시공한다.

④ 사회와 정부를 위한 민주적이고도 혁신적인 디자인의 시도로 미국인의 뉴 프론티어(new frontier) 정신이 깃든 새로운 건축을 창조한다. 여기에는 서민을 위한 유소니언 하우스의 시도도 포함된다.

라이트의 유기적인 건축개념은 1890년대 건축적 원리들로부터 1930년대 생활양식으로 발전되었다. 그의 초기이념은 그가 1908년 『건축 레코드』에 처음 발표한 그의 에세이 「건축을 위하여 In the Cause of Architecture」에서 찾아볼 수 있다. 그는 이 에세이를 통해 유기적 건축의 6가지 주요 디자인 특성을 다음과 같이 정의하였다.

① 단순함과 평온함이 예술의 척도가 되어야 한다.

이러한 특성을 달성하기 위해 내부 벽체를 포함하여 불필요한 모든 것을 제거한다. 따라서 될 수 있는 대로 작은 방을 구성하고, 디테일과 장식을 없애며, 집기·설비·그림·가구는 구조와 통합시켜야 한다.

② 사람마다 스타일이 다르듯이 주택도 다양한 스타일을 가져야 한다. 라이트의 작품이라는 것을 알 수 있는 독특한 디자인이지만 고객의 개성을 잘 표현해야 한다.

③ 자연·지형·건축은 상호관계가 이루어져야 한다. 건축은 대지로부터 쉽게 인식되고 주변환경과 조화를 이루어야 한다. 중서부의 완만한 건축들은 낮고 경사진 지붕, 돌출부, 테라스 등에 의해 특징지어져야 한다. 만일 건축이 자연지형을 이용하지 않는다면 그것은 겸손하지 못한 것이다.

④ 자연으로부터 건축의 색채를 얻고 건축재료들을 조화롭게 사용해야 한다(주조색으로 황갈색, 올리브 녹색, 적갈색 등). 디자인의 모티브인 식물형태와 색채에 '관습적'이라는 용어를 적용함으로써 추상적인 형태를 특성화하는 방법으로 이용한다(장식문양에 잠자리와 나비의 날개, 인디언의 깃털, 나뭇잎이나 꽃의 문양 등을 사용).

⑤ 재료의 자연스러운 물성을 나타내는 것이다. 나무는 나무처럼 보여야 하고, 나무결과 고유의 색을 살려야 하며, 이러한 원칙은 벽돌이나 석재, 석고에도 적용된다.

⑥ 건축에는 영혼의 진실성이 담겨야 한다. 건축이란 정

직, 진실, 정중함 등 인간의 본질과 유사한 성질을 가지고 있다. 또한 건축은 매력적이어야 하며, 인간에게 즐거움을 주어야 한다.

라이트의 유기적 원리들은 다른 건축가들과 유대를 갖게 했으며, 기능주의, 기술, 자연적인 것, 사회적 목적, 건축형태의 전개언어 등으로 정의될 수 있는 건축의 기본신조를 확립하게 되었다. 또한 그러한 원리들은 개방된 내부공간계획, 수평선의 강조, 플라스틱구조의 능숙한 활용, 구조·재료·대지의 상징적 표현으로의 통합, 공간의 새로운 감각, 자유에 대한 찬양 등으로 이어졌다.

그의 끝없는 창조력으로부터 생겨난 유기적 건축의 원리는 프레리 하우스를 낳게 되어 중서부 광활한 대평야를 미국건축문화의 탄생지로 만들게 된 것이다. 이로써 미국 건축은 새로운 세계 건축의 중심 역할을 유럽으로부터 미국으로 옮겨왔다.

라이트는 대중강연을 시작했고, 건축에 관한 그의 생각을 저술하게 되었다. 그의 유명한 어록 「기계에 의한 수공예 The Art & Craft of the Machine」는 1901년 미국 시카고의 '헐 하우스(Hull House)'에서 보급되었다. 그것은 미국 건축에 의한 기계의 수용이라고 할 수 있으며, 널리 호평받게 되었다. 즉, 기계를 사용하여 단순히 수공예 조각을 모방하는 것이 아니라 목재 사용에 간결함과 아름다움을 불러일으키도록 북돋운 것이다.

1910년 유럽은 처음으로 라이트를 알게 된다. 즉 베를린에서 그의 작품집을 발행했는데, 외국의 건축가들은 누구나 그를 숭배하게 되었고, 그의 작품으로부터 많은 영향을 받게 된다. 개방된 평면에서부터 깊게 돌출된 지붕에 이르기까지 그의 작품경향을 반영한 많은 현대건축작품들이 나타나게 되었다. 그러나 그의 천재성을 이해하는 데는 오랜 세월이 흘러야 했다. 10년 이상 지어진 「윌리츠 저택」「쿤리 저택」「로비 저택」을 비롯한 35개의 저택들은 현대건축의 뿌리가 되었다. 주택설계는 물론 또 다른 중요한 진보는 일반건축에서도 같다. 창조성이 부족한 당시 건축가들은 그의 일반건축도 모방하게 된다.

「다나 저택 Susan Lawrence Dana House」
(Springfield, IL, 1899~1900)

「다나 저택」은 성대한 파티를 열 수 있으면서도 동시에 값비싼 예술품을 전시·소장할 수 있는 대저택을 원하는 고객에게 아주 딱 들어맞는 모델이다.

아름다운 로마식 회색 벽돌을 사용하는 이러한 임무가 젊은 건축가에게 주어지는 일은 매우 드문 일이지만, 독립형 가구와 붙박이 가구 등 이 저택 내부의 모든 것은 라이트의 설계와 디자인을 거쳐 만들어졌다. 그 중에서도 램프와 스테인드 글래스 같은 조명 기구는 라이트가 지금까지 디자인한 작

아름다운 로마식 회색 벽돌을 이용한 「다나 저택」의 외관.

품들 중에서도 가장 화려하다고 말할 수 있다. 스테인드 글래스는 아무런 덮개나 포장을 하지 않고서도 내부를 감추는 데에 상당한 역할을 했다. 섬세한 색상과 패턴을 맞춘 스테인드 글래스의 확산 효과 덕택에 빛이 안으로 잘 스며들면서도 저택 내부가 행인들에게 훤히 들여다보이는 일은 피할 수 있었다. 주요 주거 공간과 연결된 대형 스튜디오 갤러리는 2층 높이로 트여 있어, 파티나 여러 행사, 전시회, 그리고 모임을 위한 알맞은 공간을 제공하였다.

「토마스 저택 Frank Thomas House」(Oak Park, IL, 1901)

지하실은 거의 지상층이라고 할 정도의 높이에 지어졌으며, 거실과 식당 등의 주거 공간을 튼튼히 받쳐주는 이른바 초석의 역할을 하고 있다. 전체적으로 수평을 강조하는 조형인데 비해 건물의 입구는 상당히 흥미로운 형태를 띠고 있다.

아치 형태의 문을 지나면, 거실과 식당이 좌우에 양분되며, 침실은 모두 2층에 배치되어 있다.

'L'자 형태의 평면은 기존의 축성 평면(axial plan)에 비해 형식에 구애받는 면이 훨씬 줄었으며, 「윈슬로우 저택」의 경우에서 볼 수 있듯이 축을 중심으로 하는 기존의 설계 방식에서 벗어나 보다 실용적이고 유연성 있게 설계하고자 했던 라이트의 디자인 경향을 잘 보여준다. 이 당시 「윌리엄 프릭 저택」에서도 이러한 경향이 잘 드러난다.

「토마스 저택」은 외벽과 지붕이 각기 독립성을 가지며, 수평이 두드러지고, 출입구를 아치 형태로 강조하였다.

「라킨 본사 빌딩 Larkin Administration Building」(Buffalo, NY, 1904)

이 빌딩은 건물 본체가 고상하고 단순하여 그 자체가 장식적이다. 버팔로(Buffalo)의 혼잡한 공업지대에 지어지기 때문에 그의 첫 아이디어는 이 건물의 거주자를 기차와 공장의 독가스로부터 보호해야 한다는 것이다. 모든 유리를 밀폐한 채 공기를 정화하고, 거대한 여과기를 통하여 냉각시키는 시스템을 창안하였다. 즉, 오늘날의 에어컨디셔너의 첫 시도인 셈이다.

이 사무실의 모든 가구를 최초로 금속으로 처리하고, 최초의 유리출입문을 사용하였다. 또한 화장실 칸막이를 바닥에서 들어올렸다. 벽돌재료의 특징을 살려 독특하게 표현하였기 때문에 이 빌딩의 상세도가 1904년 출판되었을 때 유럽건축가들에게 특히 벽돌 쌓는 방식이 많은 영향을 주었다.

대부분의 현대건축은 그의 초

「라킨사 본사 빌딩」 외관.

「라킨사 본사 빌딩」 중앙홀.

기 작품을 모방하였다고 말할 수 있다. 그러나 정작 라이트 자신은 예기치 않은 분야와 표현형태로 계속 변신하는 동안 다른 건축가들은 그의 초기 작품만을 따라하였다. 그리하여 라이트의 초기 건축물은 그들에 의해 분류되고 해석되었다. 오늘날 우리는 이 부정적 해석을 '국제건축양식(International Style)'으로 알고 있다. 국제주의자들은 새로운 학파를 시작했다고 믿었으나 실은 유리로 된 다른 종류의 건물을 설계하면서 라이트의 모든 구조와 장식을 변형시킨 데 불과하였다.

「마틴 저택 Darwin D. Martin House」(Buffalo, NY, 1904~1905)

「마틴 저택」은 라이트의 대표 주택 중 하나이다. 라이트에게 건물 설계 업무를 부여해준 사람은 바로 라킨사의 중역 이사인 다윈 D. 마틴으로서, 그는 자신의 집 설계 역시 라이트에게 맡겼다. 그의 저택은 기본적으로 십자가 형태를 컨셉으로 하여 하나의 축을 기준으로 식당, 거실, 서재 그리고 응접실

도로에서 본 「마틴 저택」의 전경.

(reception room)과 주방, 현관을 배치하였다. 식당으로 향하는 회랑을 따라가면 두 개의 조그만 정원을 지나 차고와 마구간 그리고 온실이 있는 저택 끝에 다다른다. 벽돌 작업은 이 저택의 다른 목조 부분과 마찬가지로 상당히 섬세하고 뛰어난 기술과 고품질의 자재를 요구했다. 이렇게 훌륭한 재료와 섬세한 기술을 더욱 빛내주는 것은 바로 라이트가 디자인한 예술품에 가까운 창유리와 특별한 가구들이다.

「유니티 교회 Unity Temple」(Oak Park, IL, 1904~1907)

당시 교회설계는 높은 첨탑이 있는 직사각형의 상자 모양이 관습이었다. 그러나 라이트는 혁신적인 아이디어로 콘크리트 구조로 된 정방형의 실내공간을 창출하여 오랜 기간 많은 건축가들에게 영감을 주었다. 그는 기도와 명상을 할 수 있는 단순하고 고상한 방의 느낌으로 설계했으며, 교회측도 대규모 집회를 수용하면서 경제적인 교회를 원했다.

당시 콘크리트는 주로 지하실, 창고, 차고를 짓는 데만 사용

「유니티 교회」의 외관 투시도.

되어왔다. 그러나 그는 요구조건을 해결하기 위해 미국 최초의 거푸집 콘크리트 시공방식을 사용하여 웅장하게 마감된 표면을 강조하게 되었다. 공사비를 절감하기 위해 4면을 동일하게 취급하고, 지붕은 육중한 벽 위에 콘크리트로 처리되었으며, 그 지붕에는 채광창을 두었다. 벽은 거리의 소음을 방지하기 위하여 고창(高窓)으로 처리했다. 도로로부터 본당을 우회하여 진입하면, 본당과 부속건물(연회와 집회, 그리고 주일학교)을 묶는 출입구 전실(foyer) 부분에 도달한다. 이러한 우회수법은 후에 에로 사리넨(Eero Saarinen)의 「엠아이티 성당 MIT Chapel」 「케네디 센터」 김수근의 「마산성당」에서도 나타난다.

본당은 네 개의 기둥으로 지지되고, 내부공간은 교회의 본질과 특성을 잘 살리고 있다. 회랑이 2개 층으로 형성되어 중앙의 좌석(nave)과 함께 3개 층을 이룬다. 이 교회는 내부공간이 더욱 중요하다는 개념을 보여주는 것으로 라이트는 중국인

「유니티 교회」의 정방형 예배공간.

철학자 라오지(Lao-Tse)가 B.C. 600년에 "건물의 실재는 사방의 벽과 지붕이 아니라 인간의 삶을 영위하는 내부 공간에 있다"고 한 뜻을 알게 된다. 젊은 건축가 라이트는 주택, 사무실, 예배공간에서 진행되는 일상생활을 삶의 한 부분으로 보게 된다.

내부공간은 자유롭고 유연하다. 내부 어느 곳이든 하나의 면은 다른 면으로 흐르고, 한 공간은 다른 공간과 융화된다. 특히 부속건물은 어떤 용도로도 가능하도록 개방된 평면으로 처리하였고, 주일학교를 위한 더 작은 방들은 스크린으로 나누어 쓸 수 있게 했다.

내·외부공간은 유기적으로 모든 부분이 전체와 연관되고, 하나의 정신으로 스며든다. 건설 도중 교인들에게 계속 의심을 받았지만 새 교회가 완성된 후 많은 찬사와 감사 편지를 받게 된다.

이 교회건축은 유럽건축가와 예술인들을 매료시켰다. 그후 건축가들은 콘크리트를 신재료로 자유롭게 사용하게 되고, 화가들은 이 혁신적인 형태를 '입체파 이론'의 모델로 삼기도 했다.

「쿤리 저택 Avery Coonley House」(Riverside, IL, 1907~1908)

쿤리 부부는 교육열이 남다른 고객이었다. 그들의 이러한 교육열을 만족시켜주는 것은 바로 특수 학교와 프레리 하우스였다. 이들의 프레리 하우스는 직선·유선 혼합 형태를 띠고

「쿤리 저택」의 후면 전경.

수평 지붕과 격자 울타리를 채택하였다.

또한 총체적인 디자인 구성은 「미드웨이 가든(Midway Garden)」 「에밀 바하 저택」 「데이코구(帝國) 호텔」과 유사하지만 시기상 으로는 이들보다 앞섰다. 가장 특별하고도 귀염성 있는 특징은 밝은 색상을 가미한 창문으로서 '풍선과 색종이가루(balloon & confetti)'라고 불린다.

「로비 저택 Frederick C. Robie House」(Chicago, IL, 1906~1909)

라이트의 프레리 하우스 중 가장 유명한 대표작이다.
「로비 저택」이 그토록 훌륭하게 지어진 이유 중 하나는 바로 고객 측에서 자신이 원하는 바를 명백하게 밝혔기 때문이다. 그는 내화성 자재를 사용할 것, 답답하게 막힌 공간을 없앨 것, 그리고 천으로 된 커튼이나 기성 카펫 등 평범한 실내장식을 쓰지 말 것을 요구했다. 그 자신이 숙련된 엔지니어로서, 성능이 뛰어난 기계만큼이나 훌륭한 집을 원했던 것이다.

로비 저택의 구역 구분은 이 저택의 디자인 요건을 상당부분 보여준다. 1층에는 다른 저택과 마찬가지로 놀이방, 당구실, 난방실, 세탁실, 창고 등을 배치했다. 그리고 여기에서 계단을 통해 주요 주거 공간인 2층으로 올라갈 수 있도록 했다. 2층은 길게 늘어진 형태의 개방된 공간으로서, 중간에는 벽난로가 있고 그 양쪽으로 거실과 식당이 배치되어 있다. 마지막으로 침실이 있는 3층은 탑의 망루와 비슷한 형태로 설계되었다.

테라스의 깊은 채양은 내·외부공간의 중간 영역을 만들고, 발코니와 거실 사이의 창을 바닥까지 내림으로써 내·외부가 상통하는 유기적 건축의 원리를 나타낸 좋은 사례이다.

「로비 저택」의 전경.

「로비 저택」 안 식당과 거실이 개방적으로 연결된 2층.

이 저택의 모든 가구는 라이트의 작품이다. 그 중에서도 식탁과 의자는 상당히 훌륭하다. 4개의 다리가 튼튼히 받치고 있는 식탁에는 스테인드 글래스 램프와 화병을 위한 공간이 마련되어 있는데, 이 디자인에는 특별한 아이디어가 엿보인다. 대부분의 경우, 식탁 중앙에 촛대와 화병을 함께 놓음으로써 주인 내외와 손님 사이에서 어떤 장벽과 같은 분위기를 조성하게 마련이다. 그런데 이 경우에는 램프나 여타의 장식물을 모두 한쪽 귀퉁이에 배치하여 중앙 부분을 탁 트인 넓은 공간으로 남겨두는 재치를 발휘한 것이다.

제1황금기의 마감

1906년 라이트는 일본을 방문하게 된다. 그는 일본의 예술과 동양철학이 자신의 생각과 흡사하다는 것을 알게 된다. 일본건축은 다른 어떤 문화보다 유기적이라고 느꼈다. 단순성을 일본 예술정신의 핵심으로 받아들이며 특히 숭배하게 된 것은 일본의 판화를 접하면서부터였다. 일본은 결코 자연을 모방하지 않고, 자연의 형태를 미묘하게 추상화하는 방법을 알고 있었다. 라이트는 일본 문화에 영향을 받았다기 보다는 그가 믿어온 바로 그 원칙의 긍정적인 면을 보았다.

일본과의 접촉으로 그는 동양예술품을 수집하기 시작하였으며, 이후 화재로 인한 손실에도 불구하고 세계에서 가장 많은 수집품을 소유한 사람 중의 하나가 되었다.

1909년 가을 20년 이상을 불같은 열정으로 일해온 라이트의 초기 작품의 황금기가 끝나게 되고, 여러 가지 스캔들로 인한 은둔생활이 시작된다. 그는 결혼한 지 19년이 되었을 때 집과 가족생활에 싫증이 나서 그의 고객인 체니(Mamah Borthwick Cheney)란 지적이고 교양 있는 두 번째 여인을 만나 사랑하게 된다. 그는 첫 번째 아내에게 이혼을 요구했으나 거절당한다. 유명한 철학자이자 비평가인 쿠노 프랑케(Kuno Francke)는 그의 입지를 위해 얼마 동안 해외에 머물 것을 권고하였다. 라이트는 그것을 받아들여 새 부인과 유럽으로 향한다.

독일로 가려는 결심은 그의 작품집 『완성된 건물과 드로잉 *Executed Building & Drawing*』 발행을 위한 준비 때문이었다. 그가 과거 자신의 운명을 개척하기 위해 고향과 대학을 떠난 것처럼 오크파크의 삶과 가정을 또다시 떠난 셈이었다.

그는 베를린의 작업여행 후 이탈리아 플로렌스 근처인 피솔(Fiesol)에서 살았다. 그가 유럽에서 지내는 동안 언스트 바스

무스(Ernst Wasmuth)와 함께 『*Ausgefuehrte Bauten und Entwuerfe*』 (1910)를 출간하였는데, 이 출판물을 통해 그의 작품은 국제적인 반향을 일으켰고, 다른 건축가들에게 상당한 영향을 미치게 되었다.

서민을 위한 유소니언 하우스

라이트는 미국식 민주주의와 인간의 진정한 가치를 기반으로 하는 새로운 건축 형식을 창조하기 위해 부단히 노력해왔다. 따라서 그는 미국을 종종 '유소니아(Usonia)'라고 언급하여 왔으며, 브로드에이커 시티(Broadacre City) 계획도 새로운 민주주의를 위한 그의 건축적 사고가 절정에 이른 것이다.

유소니언 하우스는 그의 프레리 하우스만큼이나 널리 알려진 실용적 주택형식이다.[9] 유소니언 하우스란 라이트의 초기 주택에 나타나는 비형식성을 보여준 것으로 적당한 크기, 효율적인 계획, 저렴한 건축비를 들인 교외주택을 의미한다. 라이트는 예술적일 수도 있는 경제적 주택을 미국에 보급하기를 원했다. 그리하여 1937년 위스콘신 주 매디슨에 첫 유소니언 하우스를 설계했다. 바닥에 난방 파이프를 깔아 미국 최초로 바닥난방이 실현되었고, 지붕을 받치는 구조벽과 굴뚝에 벽돌이 사용되었다. 칸막이 벽은 절연시킨 합판을 사용하고, 목재보드(cypress board)로 표면처리되었다. 얇은 판으로 된 칸막이 벽은 단위부재(單位不在, 일정한 규격의 재료)로 다량생산 주택처럼 지어질 수 있었다.

유소니언 하우스는 단층으로서 가급적 개방된 평면, 연속된 공간, 인간적 스케일을 특성으로 한다. 단순하지만 혁신적인 이 구조는 다음 10년간 소규모 주택에 적용되면서 미국 전역에 보급되었다. 그는 단위부재를 더욱 발전시켜 기본평면의 새로운 기하학적 형태로 변형시켰다. 「한나 하우스 Hanna House」는 6각형의 단위부재를 이용하여 지어진 주택으로 6면은 벌집처럼 등변으로 이루어졌다. 그는 6각형이 유연하다고 느꼈으며, 이를 계기로 유연성의 궁극인 원으로 발전시켰다.

'유소니언'이란 버틀러(Samuhel Butler)의 유토피안적 소설인 『에레혼 Erewhon』(1917)에서 미국(United States)이란 용어를 뜻하는 것으로 '유니티(Unity)' 혹은 '유니온(Union)'을 의미한다.10) 이 주거형태의 중요한 의미 중 하나는 불황 후 미국의 거대한 경제, 정치, 도덕적 관계와 도시에서 벗어남으로써 인간적인 주거 환경을 찾는 데 있다.

「탤리에신」 이야기

　라이트는 1909년 그의 가족을 오크파크에 남겨둔 채 화려했던 시카고 시절(제1황금기)을 끝내고 은둔생활에 들어갔다. 그간의 명성, 많은 설계작품, 가정과의 결별은 그 자신과 가족에게 슬프고 고통스러운 일이었으나 그는 자신의 행동이 옳다고 믿었으며, 일과 삶을 다시 시작하기 위해 스프링 그린 계곡으로 돌아왔다. 그의 훌륭한 어머니는 아들의 피신처가 필요하다는 것을 알고 조망이 좋고 나무가 우거진 계곡에 「탤리에신」을 건설할 것을 권유한다. 그 장소는 「로미오와 줄리엣 타워」에서 그리 멀지 않은 곳으로 미국으로 이미 오기 전 조상들이 살았던 영국 웨일스지방과 유사하고 외조부가 개척한 계곡 사이를 한 눈에 볼 수도 있는 그의 마음의 고향이었다.

스프링 그린에 「탤리에신」을 건설하기 시작한 것은 1911년 4월로 "당초에는 어머니 안나를 위해 조그만 집을 지을 생각이었으나 나의 어머니는 스튜디오 겸 나의 거처를 만들 것을 권했다"고 「탤리에신」 관련 글에 쓰고 있다. 그는 어머니의 희망을 받아들여 자신의 집으로 계획하고 초기에는 그의 방갈로(bungalow)라고 부르다가 후에 '탤리에신'이라고 이름 짓게 되었다. '탤리에신'은 6세기경 영광의 전설을 이야기하고 살았던 웨일스 출신 시인의 이름이자, 고대 웨일스어로서 '빛나는 이마(Shining Brow)'란 뜻을 가지고 있다. 그는 「탤리에신」을 빛이 가장 잘 드는 언덕 위에 지었다. 새 삶의 희망을 위해 미국으로 이주했던 그의 외할아버지처럼 그 자신의 새로운 삶을 이 언덕에서 다시 시작했다.

불행을 이기고 다시 일어서다

라이트는 삶과 일을 다시 시작하면서 「시카고 오디토리엄 빌딩」에 비즈니스를 위한 사무실을 열고, 큰 작업은 주로 「탤리에신」에서 처리했다.

몇 달이 지나면서 과다한 업무로 인하여 몇 가지 성사된 일들조차 파기하고 말았으나 디자인만큼은 상상력을 초월한 작품을 계획해냈다. 그러다가 1913년 가을 월러(Ed Waller)에게서 시카고 「미드웨이 가든」의 디자인을 수주하게 되고, 일본 도쿄의 「데이코쿠 호텔 Imperial Hotel」 설계의뢰가 들어와 계약

「텔리에신」의 스튜디오 외관 전경.

체결을 하게 된다.

「탤리에신」을 설립한 지 3년 후인 1914년 8월 라이트가 시카고에서 「미드웨이 가든」의 마무리 설계를 하고 있을 때, 정신이상의 브로드웨이 출신 하인인 칼톤(Julian Carlton)이 「탤리에신」 숙소에 방화를 저질러 부인 체니와 그의 자녀 두 명 그리고 다른 4명이 사망했다. 그가 시카고에서 열차로 달려왔을 때는 이미 모든 살림집은 잿더미가 된 후였으나 다행히 친절한 이웃과 친구들의 도움으로 스튜디오는 건져냈다. 그는 땅거미 질 무렵 소실된 집 한가운데 서서 그의 삶, 그의 작업, 그의 사랑이 잿더미로 변한 것을 바라보고 있었다. 웃음과 사랑이 살아있던 곳에 아무 것도 없고 적막만이 남은 것은 악몽의 공포를 안겨주었다. 검은 연기가 장례식을 치르듯 언덕으로 사라진다. 그를 사랑하고 그를 위해 봉사했던 사람들이 죽었던 것이다.

그는 또다시 일하려고 노력했고, 삶의 재해로부터 무엇인가

「탤리에신」의
스튜디오 내부.

구출하려고 노력했다. 폐허의 도처에서 끔직한 외로움－그가
이룩하고자 노력한 것을 파괴한 공허감－이 닥쳐왔다. 그는
「탤리에신」을 떠나 시카고의 어머니 집으로 돌아왔다. 그는
병이 나서 주변 사람들을 불안하게 했다. 그러나 혼자이고 도
움이 절실히 필요했을 때 가족과 그의 아이들(전부인의 자식)
이 그의 곁을 지켜주었다.

비록 비극적인 사건에 정신이 없었지만, 그는 일 없는 삶이
견딜 수 없어서 「탤리에신」을 재건하기 시작했다. 오래지 않
아 그는 여류조각가인 노엘(Miriam Noel)을 만나 세 번째 결혼
을 하게 된다. 그러고 나서 일거리가 나타났다. 1914년 가을
일본으로부터 도쿄 「데이코쿠 호텔」 설계를 의뢰받게 되었다.
그들은 베를린에서 출판된 라이트의 초기 작품을 보고서 그의
이름을 알게 되었고, 미국으로 그를 찾아와 "우리는 당신의
작품을 좋아한다. 형태 면에서 일본적이지는 않지만 일본을
위해 잘 설계할 수 있을 것이다"라고 말했다.

라이트는 마음을 정하지 못하고 있다가 '제2의 탤리에신' 재건을 위해 이를 수락하고 그들에게 가져갈 몇 가지 예비 스케치를 준비했다. 곧이어 일본으로부터 세계적으로 유명한「데이코쿠 호텔」의 작업을 시작하라는 초대장이 도착했다.

「데이코쿠 호텔 Imperial Hotel」(Tokyo, Japan, 1915~1922)

라이트는 일본을 위해 디자인되는 건축은 그 문화와 혼합되어야 한다고 생각했다. 많은 유럽건축가들은 일본에게 서구형태를 권하거나 노골적으로 일본건축을 모방하여 설계했다. 그러나 그는 양자 모두 신성모독이라고 느껴, 그 나라의 정서와 전통을 지니는 것으로 건축하고자 노력했다. 서구적인 산업과 기술이 일본을 돕고 가르칠 수 있는 것으로 시공의 안전한 방식을 그들에게 보여주었다.

일본에서의 건축은 지진을 견디어야 했다. 이러한 목적을 달성하기 위하여 라이트는 몇 달을 지진연구에 소모하였으며,

「데이코쿠 호텔」 전경.

집터에 대한 주의 깊은 연구와 해박한 구조기술로 문제를 해결하였다. 따라서 1923년 역사상 가장 심했던 칸토[關東] 대지진이 있었으나 데이코쿠 호텔은 파괴되지 않고 건재하였고, 수많은 사람들의 피신처로 제공되어 열렬한 찬사를 받기도 했다(이 호텔은 1968년 철거되었으나 호텔 진입로비 부분은 현재 나고야 근처 건축공원에 보존 전시되고 있다).

그는 가구·유리제품·식탁보·린넨 등 실내의 모든 집기와 유리창문·조각·벽화까지 손수 디자인했고, 카펫은 북경에서 주문 생산하였다. 개인(private) 식당, 차 마시는 정원 테라스, 연회장, 극장 등이 동서양을 위한 유명한 모임의 장소가 되었다. 이러한 과정은 시카고「미드웨이 가든」에서 이미 경험했던 것으로, 후에 「애리조나 빌트모아 호텔 Arizona Biltmore Hotel and Cottages」을 낳게 된다.

도쿄에 위치한「데이코쿠 호텔」설계는 지진에 견딜 수 있

「데이코쿠 호텔」의
무도회장 내부.

는 내진 구조와 지진과 동반되는 폭발에 의한 화재에 견딜 수 있는 내화구조가 고려되어야만 하였다. 라이트는 내화구조를 만들기 위하여 목재나 종이를 사용하는 일본의 전통건축 대신 철근 콘크리트와 석재, 벽돌 등을 사용하였으며, 내진구조를 위하여 지금까지 건축에 소개된 적이 없는 기초와 구조적 지지물을 이용한 새로운 시스템을 개발하였다. 실제로 사용된 구조의 기본원리는 웨이터의 밖으로 뻗은 손 위에 놓여져 있는 쟁반과 같은 형태가 아닌 서로 간의 하중으로 균형을 잘 이루는 캔틸레버 구조였다. 라이트는 일본전통건축에서 사용되던 무거운 타일 대신 가볍고 얇은 동판을 지붕재료로 사용하였다. 또한 건물의 전체구조는 9피트, 깊이 2피트 간격으로 설치된 얇은 콘크리트 핀들로 그물망처럼 엮여 있으며, 이러한 핀들은 상부의 건물을 하부의 진흙토대에 연결시켜주는 역할을 하였다. 철근 콘크리트 구조를 이용한 건물의 유연성(flexibility)은 칸토 대지진으로부터 이 건물을 보호할 수 있었던 기본원리였다.

「데이코쿠 호텔」이 완성단계에 이르는 동안 라이트는 「홀리호크 저택 Hollyhock House」과 「밀라드 저택 Millard House」 같은 7-8개의 캘리포니아 주택을 설계하게 된다. 당시 캘리포니아의 건축물은 스페인양식(Spanish Mission Style)이 대부분이었는데 라이트는 그 지역에 맞는 새로운 성격을 부여하려는 의도로 디자인했다. 캘리포니아 저택을 비롯하여 일본의 「데이코쿠 호텔」, 개인저택 3개, 도쿄의 학교 설계 등을 위해 16번씩이나 태평양을 건너다녔으며, 도쿄에 자신의 방과 사무실을 목조 2층으로 건축하였으나 칸토대지진으로 붕괴되었다.

그런 외중에 제2의「텔리에신」이 재건되었고, 일본에 체류하는 동안 수집하였던 많은 예술품(브론즈, 판화, 스크린, 인쇄물, 조각, 도자기 등)을 집 전체에 진열했다.

「홀리호크 저택 Hollyhock House/for Aline Barnsdall」
(Los Angeles, CA, 1917~1920)

라이트는 1922년에 일본에서 돌아왔다. 호텔 작업이 모두 끝난데다가 앨라인 반스달(Aline Barnsdall)을 위해 로스앤젤레스에서 일하기로 이미 결정되어 있었기 때문이다. 영화를 상당히 좋아했던 반스달은 로스앤젤레스 도심의 올리브 힐(Olive Hill)이라는 곳에 상당한 부동산을 소유하고 있었다. 그녀의 계획은 올리브 힐의 입구에 대규모의 극장을 짓고, 배우와 감독을 위한 주택 단지와 상점가를 조성하는 것이었다. 물론 올

「홀리호크 저택」
서쪽 파사드.[2]

리브 힐에는 자신의 저택, '홀리호크'를 지을 예정이었다. 저택 설계에는 남서부의 기후를 상당 부분 반영하여 캘리포니아의 뜨거운 태양을 마주보게 될 벽에는 되도록 창을 적게 내고 시원한 녹색의 중정(中庭)을 향한 벽에는 창을 많이 만들었다.

햇빛을 충분히 받으며 높은 언덕 정상에 위치한 이 저택은 두꺼운 콘크리트 벽을 수단으로 해서 뜨거운 태양으로부터 보호되었으며, 방들은 작은 정원과 음지에 면하도록 설계되었다. 집 전체 벽은 건축주가 좋아하는 '홀리호크(Hollyhock, 접시꽃)' 문양으로 조각된 콘크리트 블록으로 처리되었다.

올기반나와의 사랑과 결혼

세계 각국의 젊은이들이 「탤리에신」을 찾기 시작했다. 이 아름답고 유니크한 장소의 명성은 젊은이들에게 그곳의 생활방식을 연구하고 배우도록 이끌었다. 현악 4중주와 훌륭한 독주가 연주되는 밤도 있었는데, 거장 라이트는 특히 바하, 베토벤, 헨델을 좋아했다. 그리고 그는 젊은이들에게 휘트먼(Walt Whitman), 에머슨(Emerson), 소로우(Thoreau)의 글을 읽어주기도 하였다. 마치 「탤리에신」이 미국의 문화와 정신을 소규모 학자 그룹들에 전해주는 듯했다.

그러나 그런 노력에도 불구하고 라이트는 행복하지 못했다. 과거 쓰라린 기억 — 체니와의 사랑과 그녀의 죽음 — 들이 떠나지 않아 그는 또다시 외롭게 지내기 시작했다.

1924년 이른 봄 그가 시카고에 머물고 있을 때, 블룸(Jerry Bloom)이라는 화가 친구가 그를 발레공연에 초대했다. 두 사람은 공연장에서 우연히 몬테네그로(Montenegro)의 대법원 부장판사의 딸 올기반나(Olga Ivanovna=Olgivanna)와 만나게 된다. 그녀는 결혼하여 7살 된 딸이 있었으나 지난 수년간 남편과 거의 시간을 보내지 않을 정도로 결혼생활이 행복하지 못하였다. 만남은 비록 짧았지만 두 사람 모두 서로에게 깊은 인상을 받았다. 그들은 후에 자신들이 깊이 사랑함을 발견하고 각자에게 행복과 슬픔을 준 구애 후에 결혼하게 되었다. 그러나 올기반나와의 결혼은 전처와의 이혼이 성립되지 않은 채 이루어졌기 때문에 새로이 재건한 「탤리에신」을 떠나지 않을 수 없게 되었다. 정식 결혼은 1928년에야 성립되었다.

1925년 라이트와 올기반나는 「탤리에신」에서 함께 생활을 시작한다. 그러던 어느 날 밤 번개에 의한 전기 누전으로 숙소 건물이 화재로 불타버리는 불행을 또다시 겪게 된다. 이로 인하여 수많은 동양예술품이 손실을 입긴 하였지만 다행히도 건물군의 다른 부분에는 피해를 입지 않았으며, 숙소에 바로 인접해 있는 스튜디오도 두 번의 화재로부터 무사하게 보존되었다. 라이트가 발과 가슴에 화상을 입으며, 20분간의 용맹스러운 투쟁 끝에 도면과 스케치가 들어 있는 작업실을 기적적으로 건져낸 것이다.

그의 아내는 다시 한 번 용기를 주었으며, 건축가인 누이동생 제인의 집에서 며칠을 보낸 후 '새 탤리에신' 재건 계획에 나섰다.

그러나 집 두 채가 소실되고, 동양예술품이 불타버려 그는 재건을 위해 은행에서 자금을 빌려야만 했다. 그는 몇 가지 일을 수주받았으나 시공이 시작되지 않아 사정이 어려웠던데다가 전처인 노엘로부터 돈을 달라는 시달림을 받게 되었다. 결국 라이트는 변호사의 권유로 자신의 의지와는 상관없이 피신하게 된다. 이즈음 올기반나의 건강이 악화되어 심각할 정도에 이르렀다. 이러한 악조건 속에서 그들은 「탤리에신」을 떠나 미네소타(Minnesota)로 갔지만 여전히 신문과 법적 어려움에 쫓기는 신세가 된다. 몇 달 동안 이런 일이 계속되다가 추적은 말소되었으나, 그들은 푸에르토 리코(Puerto Rico), 뉴욕, 라 잘라(La Jalla) 등을 떠돌며 「탤리에신」에는 돌아올 수 없게 되었다. 그 기간 동안 설계일은 없었으나 부인에 대한 사랑과 행복은 깊어져만 갔고, 그에게는 오히려 재생의 원동력이 되었다.

올기반나와의 결혼으로 그의 작품세계에 새로운 기원이 또다시 시작된다. 이를 뒷받침해준 것은 시카고의 국립생명보험사(National Life Insurance Building)에 대한 스케치에 나타난 혁신적인 마천루였다. 이 프로젝트는 '유리 마천루(Glass Skyscraper)'라고 불렸는데, 미국 도시의 황량함을 뚫고 콘크리트와 유리 판재의 유연한 구조로 솟아난 것을 의미한다.

1926년에는 철의 완전한 느낌과 표현을 지니게 되는 철제 건물로서 대성당을 스케치한 것이 있다. 거대한 피라미드 구조 내부에 작은 교회당을 수용하는 디자인이었는데, 한 지붕 아래 모인 다양한 믿음의 총체로서 역할을 하는 개념이다. 이 대성당이 지어졌다면 백만 명을 수용할 수 있어서 세계적으로 가장 큰 규모가 되었을 것이다.

1927년 해외의 건축가들 사이에 그의 명예를 드높여 준 것은 독일, 네덜란드, 일본에서 그의 작품에 대한 포괄적인 논문집이 발간된 덕분이었다. 그 당시 설계일이 거의 없었으나 그는 자신의 건축세계를 계속 확장해갔다.

1928년 「애리조나 빌트모아 호텔」 프로젝트로 초대받아 그의 가족―부인 올기반나, 딸 스베틀라나(Svetlana) 그리고 새로 태어난 이오반나(Iovanna)―과 함께 처음으로 애리조나를 방문하게 된다.

약 15명의 디자이너와 함께 피닉스(Phoenix) 근처 산 탄 마운틴(San Tan Mountain)에 「오코틸라(Ocotilla)」라는 캠프를 건설하였다. 그곳은 그의 가족과 디자이너를 위한 임시거처로 나무와 캔버스(canvas, 광목 종류의 천)만으로 지어졌다.

　그 캠프는 챈들러(Chandler) 근처에 위치한 까닭에 「탤리에신 웨스트」 건설의 선두주자가 되었다. 그로부터 10년 후에 라이트는 다시 애리조나 사막 위에 자신의 스튜디오인 「탤리에신 웨스트」 겨울 캠프(Winter Quarter)를 짓게 된다.

「애리조나 빌트모아 호텔 Arizona Biltmore Hotel & Cottages」 (Phoenix, AZ, 1927~1928)

　이 프로젝트는 1908년 라이트의 오크파크 스튜디오(Oak Park Studio)에서 일해온 건축주 워렌 맥아서(Warren McArthur)의 아들 앨버트 맥아서(Albert McArthur)의 도움을 받았다.

　전국이 불황에 빠진 시기였기 때문에 실현되지 못한 프로젝트로 남았지만, 대중에게 널리 알려지고, 건축가들에게도 영향을 주었다. 기둥과 보(beam) 형식에서 벗어나 초기 '프레리 하우스'에서 느낀 유연성이 개념화되었다. 캔틸레버의 독

「애리조나 빌트모아 호텔」 전경.

창적 사용으로 그는 계속적으로 이 원칙을 확장할 수 있었다. 「세인트 마크 타워 St. Mark's Tower」 프로젝트의 경우 십자형 콘크리트 파일론(pylon)[12]을 기초에서 지붕까지 탑 전체에 연장 사용하였다. 이와 같은 아이디어도 「프라이스 타워 Price Tower」에 적용된 것이다.

'탤리에신 펠로우십'의 탄생

애리조나에 머물던 이때야 말로 경제적으로는 매우 어려웠지만 라이트가 가족들에게 헌신적으로 보낸 기간이다. 그는 아이들과 많은 시간을 보내면서 행복하고 창조적으로 일을 지속했다. 그는 언제나 즉흥적으로 피아노를 연주하여 하루종일 집안에 음악이 넘쳤다. 그리고 가족과 산책도 즐겼다. 이른 아침부터 그들은 아내가 외국에서 배워온 몇 가지 리듬 있는 춤을 추기도 하고, 저녁에는 서로에게 큰 소리로 책을 읽어주거나 예술·의학·종교·펠로우십에 대한 계획도 논의했다. 겨울에는 집 아래 호수에서 스케이트를 즐기기도 했다.

빠르게 몇 년이 흐르고, 「탤리에신」이 세상에 알려지면서 더 큰 영예가 그에게 다가왔다. 그는 전국을 누비며 많은 작품을 전시하게 되고, 대학들이 그에게 강연을 요청하게 된다. 1930년 프린스턴(Princeton) 대학에서는 『현대건축』이란 이름으로 그의 강의내용을 책으로 펴냈고, 시카고 미술대학에서는 그의 작품사진을 포함한 대형 팸플릿을 출판했다.

미국 내와 마찬가지로 외국에서도 그의 작가적 명성은 높아가기만 하였다. 1930년 부인과 함께 리오 데 자네이로(Rio de Janeiro)를 항해했다. 브라질국립아카데미가 그를 크리스토퍼 콜럼버스(Christopher Columbus)에 대한 추모설계대회에 심사위원으로 초대한 것이다. 그들 부부는 열광적인 환대를 받았으며, 라이트는 브라질의 '벨레스 아르테스 아카데미(Belles Artes Academy)'로부터 영예표창을 받기도 했다.

1933년에는 시카고세계박람회를 위한 계획안을 만들게 되었는데 그는 몇 개로 분리된 건물을 디자인하라는 제안을 거절하고, 대신 자신의 박람회에 대한 개념을 제시했다. 마천루, 사장교(Suspension Bridge), 유람선을 포함하는 세 가지를 기획하였는데, 이는 박람회가 끝나면 산업을 위한 도시, 사무실, 위락을 위해 활용되도록 한 아이디어였다. 이 안을 박람회 측이 받아들이지 않자, 바로크식 고전을 재현하는 것으로 건설되었다. 현재 시카고의 과학박물관(Science & Industry Museum)이 바로 박람회를 마친 뒤 보존된 건물이다.

빌딩산업이 거의 침체된 1930년대 초 그는 '브로드에이커 시티'라는 독특한 연구에 전력했다. 즉 모든 사람은 적어도 1에이커씩 가지고 있어야 한다는 기본적인 생각을 가지고, 건물로 점철된 녹색전원을 구상했다. 계획에 따르면 싱싱한 나뭇잎 사이로 탑이 솟고, 고속도로와 공장지대는 나무로 우거진 공원으로 둘러싸이게 된다. 특별히 디자인된 다리, 입체로 처리된 기찻길과 고속도로가 놓인다. 고속도로는 트럭과 대형

차들이 교통의 주요 동맥으로 유지될 수 있게 건설되었으며 위락시설과 거대한 시장이 언덕과 전원에 들어섰다. 각 집은 1에이커의 최소대지에 알맞게 디자인되었고, 쉽게 모이고 확산될 수 있도록 전원의 작은 집과 농장건물처럼 배치되었다.

그는 『자서전』과 『사라지는 도시 *The Disappearing City*』를 집필하여 출판하였다. 이 두 권의 책은 당시의 많은 젊은 건축가들에게 영향을 미쳤다.

1932년 대공황의 시기에 라이트와 올기반나는 위스콘신 주 스프링 그린 근처 집에 '탤리에신 펠로우십'을 설립했다. 이는 도제교육식의 건축 프로그램으로 몇 명의 젊은 남녀를 훈련함으로써 시작되었는데, 그들 중 몇 명은 교수로 남게 되었다. 탤리에신 펠로우십은 환경에 대한 종합적인 이해를 제공하며, 창조적이고 문화적인 인간을 만들어 내기 위해 훈련받는 사람의 모든 면을 종합하도록 설립된 것이다. 그러한 훈련생들은 건축뿐 아니라 시공, 농장일, 정원손질, 요리 그리고 음악, 예술, 춤에 이르기까지 다양한 학습을 통해 경험을 쌓게 되었다. 시행 28년 동안 천 명이 넘는 젊은이들이 전 세계에서 찾아와 유기적 원리(Organic Principle)에 따라 건축과 문화를 배웠다. 펠로우십을 운영하는 초기 몇 년은 매우 어려웠으나 두 설립자를 의지하면서 개척해 나아갔다. 그들 젊은이들은 거장으로부터 색다른 일을 배우면서 다방면의 건축스타일을 숙달했다. 초기의 고행은 생생한 모험으로 영하의 추운 겨울에도 수련의 일부로서 건설작업을 계속해야 했다.

이제「힐사이드 홈 스쿨」은「탤리에신 펠로우십 단지 Taliesin Fellowship Complex」로 전환하게 되었다. 1939년, 원래의 건물 북쪽에 큰 규모의 설계실과 건물 양단을 따라 도제들을 위한 8개의 방들이 완성되었다.

참나무로 된 복잡한 트러스(truss)[13] 작업으로 인하여 라이트는 이 작업실을 '추상화된 숲 (Abstract Forest)'이라 불렀으며, 이 작업실이 완성되자 1/4마일 떨어진「탤리에신」으로부터 모든 건축적 작업을 힐사이드로 옮겨오게 되었고, 원래의 탤리에신 스튜디오는 라이트의 개인 사무실로 개조되었다.

「펠로우십 단지」
작업실 내부.

「탤리에신 웨스트」건설

    탤리에신 펠로우십들은 위스콘신의 혹독한 추위를 이겨내기에는 너무도 고생스러운 생활을 해왔다. 그런데 마침내 따뜻한 곳에서 겨울을 보낼 수 있는 계기가 생긴다.

    70세인 라이트는 부인과 함께 34명의 펠로우십들을 이끌고 환경의 변화를 주기 위해 1938년 애리조나 주 피닉스 북서쪽으로 25마일 떨어진 사막에 대지를 구입했다. 이곳에서 매년 겨울 몇 달을 보낼 수 있는 새 「탤리에신 웨스트」를 건설하기로 결심했기 때문이다.

    여러 가지 스캔들에 휘말려 해외에 도피하거나 은둔생활을 한 어려운 시기를 넘기고 제2의 전성기가 또다시 시작되는 시기였다. 그럼에도 마음의 안식처인 「탤리에신」을 건설하면서 다음 시기로 도약을 할 수 있는 노력을 게을리하지 않았다.

애리조나에「탤리에신 웨스트」를 건설하게 된 결정적인 동기는 1928년과 1929년「애리조나 빌트모아 호텔」설계를 위해 사막 한가운데 작업장과 거주를 위한 임시캠프(오코틸라)를 건설한 것이었다. 그것이 인연이 되어 후일에 사막 캠프인「오코틸라」를 탄생시킨 것이다. 당시 애리조나의 피닉스 시는 '소의 도시'로 불리울 정도로 목축업이 주를 이루는 젊고 소박한 도시였다.

라이트는 '건물은 완성된 것이 아니라 항상 건설 중에 있다'는 생각으로 초기에는 유리가 사막에 어울리지 않는다 하여 문틀과 창틀만 만들고 유리를 끼지 않았다. 마치 사막에 하얀 돛단배가 떠 있는 듯 보였다. 나무틀은 사막과 어울리는 건조된 장미색으로 칠하고 박공면의 캔버스는 진한 빨강으로 처리하였다. '오코틸라'란 불꽃같은 꽃을 지닌 사막식물 오코틸로(ocotillo)의 이름에서 따온 것이다. 하얀 캔버스를 사용했기 때문에 실내가 밝고 넓게 보였으며, 사막의 더위를 씻어주고 경치를 돋보이게 하였다.

결국「탤리에신 웨스트」는 20년이 넘게 젊은 건축학도들의 건축설계를 위한 실습장으로 쓰여졌고, 디자인 혁신과 구조적 아이디어, 그리고 건축디테일을 실험하는 장소가 되었다. 수많은 젊은 추종자들은 드라마틱한 사막생활을 위한 작업장과 그들의 숙소를 건설하는 데 수고를 아끼지 않았다.

그들이 선택한 대지는 파라다이스 계곡(Paradise Valley)을

동쪽과 서쪽의 「탤리에신」을 보여주는 위치도.

건너다 볼 수 있는 맥도웰(McDowell) 산 아래의 완만한 경사지이다. 풍부한 색상이 있는 화산석이 가득한 지역으로, 비가 오면 비옥해지는 넓은 평원과 계곡이 있는 곳이다. 그 후 몇 년간 모든 펠로우십 — 약 75명의 젊은이들 — 들은 위스콘신에서 11월 말이면 사막캠프인 애리조나로 이동해서 5월 초까지 있다가 북쪽으로 돌아왔다. 지금도 이와 같은 방법은 계속되고 있으며, 그들 무리는 각자 세 가지 일 — 설계, 농사, 집안일 — 을 교대로 하고 있다.

　「탤리에신 웨스트」 계획에서 라이트는 산의 정기를 표현하는 건축을 생각했다. 즉 테라스와 넓은 계단은 같은 레벨(level, 바닥면)에서 다른 레벨이 되고, 삼각형의 뱃머리는 사막과 남서부를 향하여 조망을 확장하였다. 화산석을 풍부하게 써서 조적식(組積式)[14]의 새로운 원리를 발전시키는 건축으로 했다. 실습생들은 주위에서 돌과 모래를 운반하여 쌓았는데, 나무형

틀을 이용하여 돌의 표면이 노출되도록 콘크리트를 부었기 때문에 벽에 다양한 돌 모자이크가 생겼다. 거대한 적색 목조가 들보를 이루고, 보와 보 사이는 백색 캔버스로 덮여 내부에 반사광선을 발사하게 했다.

　모두가 천막 생활을 잘 견뎠다. 비바람과 먼지폭풍에도 불구하고 작업은 계속되었다. 라이트 부인은 그의 책 『샤이닝 브라우–라이트 *The Shining Brow–Wright*』에 「탤리에신 웨스트」 건축을 이렇게 묘사하고 있다. "우리가 애리조나 사막에 캠프를 시작할 때 라이트는 돌과 붉은 나무, 그리고 캔버스를 사용했는데 이는 기후가 온화하고 화창하여 습하거나 비가 많지 않기 때문이다. 그러나 후에 기후가 혹독해져 캔버스는 유리로 대치해야 했다. 그는 나무, 돌, 천을 이용한 아이디어를 포기하고 싶지 않았으나 춥고 비오는 날이 많아 캔버스 틀을 열 수가 없어서, 결국 유리와 캔버스를 조합하여 항상 아름다운 산을 바라볼 수 있도록 아이디어를 수정해야 했다." 또한 그는 "애리조나의 날씨가 30년 전으로 돌아갈 것"이라고 믿었다.

　건립부지와 북쪽에 위치한 산맥과의 관계에서 건물방향은 동(東)에서 서(西)로 이어지는 블랙 마운틴(Black Mountain)과 그래마이트 리프(Gramite Reef) 산들을 바라보는 웅대한 경관을 향하도록 축이 설정되었다. 건물의 정면은 연중 더위를 의식하여 북(北)을 향하도록 되었다.

　결국 「탤리에신 웨스트」도 초기 「오코틸라」 계획과 같이 사막에 떠 있는 배에 비유된다. 다만 오두막집(cabin)의 단순한

집합에서 벗어나 콘크리트 테라스 위에 돌로 쌓은 벽으로 둘러싸인 일체된 건축으로 계획되었다. 이는 지형의 고저 차를 최대로 이용한 배치계획이기도 했다.

그는 "사막의 아름다움에 도취되었고, 강렬한 태양에 노출되어 건조하고 맑은 공기, 준엄한 산들의 지형이 내가 태어나 자란 위스콘신의 전원 풍경과는 두드러지게 대비된다"고 말했다. 그와 같은 영감이 「탤리에신 웨스트」 건축을 탄생시킨 것이다.

「탤리에신 웨스트」는 겨울만 사용하는 스튜디오 겸 작업장이기 때문에 최초 건물은 작업실(제도실), 서쪽의 도면보관소(돌에 둘러싸인 지하저장실), 동쪽에 위치한 정방형 주방과 서비스 공간으로 구성된다. 이 건물에 사용된 자연석은 최소한의 비용과 노동력으로 쌓은 것이다. 자연 석벽의 독특한 무늬는 중량감 있는 구조벽의 아름다움을 예술로 승화시켰다. 또한 벽돌을 쌓아서 생긴 이음매는 수평을 강조하며 깊은 음영

「탤리에신 웨스트」
진입부.

의 효과를 나타낸다. 처마 끝에 2인치 각목을 일정 간격으로 부착시킴으로써 얻은 치아 모양 같은 장식은 태양의 이동에 따라 그 그늘이 변화여 건축에 생명을 불어넣은 경우이다. 사무실, 제도실, 가든 룸(garden room, 거실 겸 다목적 홀)을 덮는 캔버스를 지지하는 목조 트러스도 천장에 자신의 음영효과를 내며, 경사 지붕은 주변 산과의 조화를 의식한 것이다. 또한 금색·적색·백색·청색을 자랑하는 수집품들이 곳곳에 장식적으로 놓여 하얀 캔버스 및 육중한 벽과 조화되고 있다.

「탤리에신 웨스트」는 당초 30명 정도의 펠로우십들을 수용할 숙소와 생활공간 외에 방문객을 위한 시설도 만들었다.

본채(제도실, 집무실, 거실동) 북측에는 펠로우십들의 숙소가 위치하였다. 소극장은 아메리칸 인디언의 '호간(Hogan)' 또는 '키바(Kiva)'처럼 동굴로 건축하여 토요일 밤이면 저녁만찬이나 영화상영을 위한 장소로 이용되었다. 지금은 학생들의 작품발표나 강의를 위한 공간으로 사용되고 있다.

라이트의 집무실은 전체의 진입부에 위치하여 사무와 학교 관련업무를 처리하는 곳이자 설계 의뢰인(client)이나 시공자를 맞이하는 응접실이다. 가든 룸은 라이트의 거실이지만 펠로우십의 사교장으로 이용된다. 지금은 학생들의 강의실로도 활용되고 있다. 제도실과 집무실 그리고 거실 등의 공통점은 캔버스 지붕과 육중한 자연석 무늬의 벽으로 이루어졌다는 것이다.

전쟁이 끝난 1946년에는 미국 내는 물론 유럽과 아프리카 그리고 아시아에서 찾아드는 제자들로 펠로우십이 60명으로 늘어나 기존의 시설을 확장하고, 제도실 북측에 극장과 댄스홀을 증축했다. 군데군데 연못과 분수대를 설치한 것은 비상시 방화수나 비상용 급수로 활용하기 위함이다.

건물은 매년 보다 좋게 개수되어왔고, 라이트 사후(死後)에도 미망인이 기본 계획(master plan)에 근거해 필요에 따라 확장하였다. 그의 부인 올기반나는 개척정신을 가지고 함께 고생을 이겨낸 훌륭한 인물이다. 「텔리에신 웨스트」가 라이트 자신에게나 기거하는 학생들에게 더욱 친숙했던 이유는 이곳이 자신들의 삶의 터전이자 작업장이였기 때문이다. 즉, 숙련공이 아닌 그의 제자들이 직접 시공하면서 건축기술을 터득하고 새로운 기술을 시도하는 실습장으로서 기능하였다.

「텔리에신 웨스트」 자체는 박물관으로도 생각할 수 있다. 최초에는 단순한 캠프장으로 시작되었던 이곳은 라이트가 남긴 건축문화유산으로 전 세계인의 관광명소로 길이 기억될 것이다. 매일 같이 많은 방문객이 30분 간격으로 관광하고 있기 때문이다. 앞서 열거하였지만 대처 전 영국수상이 2박3일의 미국방문 일정에 이곳을 포함시켰다는 사실은 이 장소가 얼마나 중요한 유적지가 되었는지를 말해 준다.

이렇게 된 데에는 많은 이유가 있겠으나 「탤리에신 웨스트」의 역할이 단지 라이트의 겨울 거점지였다는 점 외에 지금까지도 그의 창조성과 열정을 이어가는 건축사무소이자 라이트재단의 중요한 자료보관소이기 때문이다. 현재 프레스 빌딩(Press Building) 뒤편에는 라이트의 도면들과 유품들, 그리고 일본예술품들과 접는 스크린 등이 수장된 공간이 있다. 이곳을 찾는 모든 이들은 건축가 라이트의 개척정신과 자연환경과의 친화를 중시하는 그의 숭고한 정신을 배울 수 있을 것이다.

제2황금기

　「텔리에신 웨스트」를 설립할 당시 라이트는 명성 있는 건축가로 평가받아왔으나 그의 활동이 다 끝난 것으로 생각되었다. 그러나 그는 1936년부터 그러한 견해가 잘못된 것임을 증명이라도 하듯 몇 개의 주목할 만한 작품으로 명성을 회복하게 된다. 즉 위스콘신 주 레이신(Racine)의 「존슨 왁스(S. C. Johnson Wax) 사옥」 펜실베니아 주의 「낙수장(落水莊)」, 그리고 저렴한 가격으로 훌륭한 기능을 갖춘 '유소니언 하우스'의 첫 작품 등을 설계하였다. 제2차세계대전을 제외하고는 밀물처럼 설계의뢰가 쏟아져 들어와 바야흐로 제2의 전성기를 맞았다.

「낙수장 Fallingwater/House for Edgar J. Kaufmann」
(Bear Run, PA, 1935~1939)

그는 항상 그의 가장 위대한 걸작품에 대한 그의 견해를 물으면 그 '다음 것'이라고 답했다. 그만큼 그는 현재의 작품에 만족하지 않고 항상 다음 작품에 기대를 걸었다. 그러나 그가 1939년에 완성한 카우프만(Kaufmann)을 위한 「낙수장」에 대해서는 좀더 긍정적인 표현을 하지 않았을까 감히 상상해본다. 이 작품은 지금까지도 가장 널리 알려져 있는 그의 대표작으로서 특히 주목받는 점은 그가 처음으로 주거건축에 콘크리트 캔틸레버를 사용했다는 것이다.

이 집 주변은 숲속 경사가 가파르고 노출된 바위가 산재한다. 커다란 옥석들이며, 웅덩이를 만들며 폭포를 이루는 힘찬 개울을 내려다볼 수 있는 장관의 터이다. 그는 이 집터를 처음 방문했을 때, 개울 위 언덕 쪽에 자리잡은 옥석을 주목하게 되었다. "여기가 벽난로 바닥이 되겠고, 굴뚝은 이 커다란 바위 위에 놓일 것이다. 모든 방의 바닥면은 바위돌과 관계지을 것이다"라고 했다.

흐트러진 다양한 바위가 디

낙수장 전경.

자인과 구조의 특징을 결정지었다. 돌기둥(pier)과 벽은 캔틸레버 위에 서게 하고, 흐르는 개울 위로 솟아 있는 바위에 기초를 세웠다. 거실은 개울을 가로지르고, 바닥은 돌 표면을 최대한 살렸다. 풍부한 호두나무(walnut)로 선반과, 낮고 넓은 테이블도 만들었다. 돌 바닥 위에 깔린 동양적인 카펫과 모피, 가죽 양탄자는 풍요로운 실내분위기를 만들어냈다. 작은 발코니와 길게 뺀 지붕을 지닌 테라스는 산의 꽃과 나무를 바라보는 색다른 방법으로 개방시켰다. 외부조형은 가장 인공적인 캔틸레버의 수평면과 가장 자연적인 돌의 수직면이 잘 조화된 건축조형으로 그 자체가 시(詩)이며, 대지의 정신과 밀접한 조화를 갖는다. 나뭇가지의 캔틸레버 원리를 이용하여 뿌리로부터 뻗어나게 하고, 재료의 자연미를 최대한 추구하는 구조였다.

1939년에는 게스트 하우스(Guest House)를 본채 위쪽에 설계했다.

「존슨 왁스 본사 및 연구동 Johnson Wax Administration Building & Research Tower」(Racine, WI)

경기침체가 몇 년 지나고 또다시 건설 붐이 일자 존슨 왁스(Johnson Wax) 회사는 라이트에게 본사를 디자인해 줄 것을 의뢰하였다. 이 건물의 주공간은 바닥으로부터 솟은 가늘고 긴 원형 콘크리트 기둥들로 되어 있는데, 바닥에서 천장으로 가면서 점점 굵어지는 기둥들은 마치 동굴의 종유석, 또는 나무

자연에서 형태를 유추한
「존슨 왁스 본사」 내부.

가 자라나는 듯한 구조를 띠고 있다. 천장에는 5.4m 원반이 솟아나며, 이 나팔꽃 같은 원반 사이에서는 유리 튜브(tube)를 통해 자연광이 확산되게 하였다. 이를 불안하게 생각한 건립위원회는 원기둥(높이 7.2m)의 하중시험을 요구했으며, 시험결과 상부의 원반만 부서졌을 뿐, 기둥 자체는 하중을 견뎌냈다.

이 건물은 완성되자마자 전세계 잡지에 소개되었고, 수많은 방문객과 추종자들이 몰려들었다. 특히 연구동(Research Tower)의 구조는 완전히 나무의 뿌리에서 가지까지 적용된, 라이트가 주장했던 캔틸레버 건축을 보여준 좋은 예이다.

「윙스프레드 Wingspread/Johnson House」(Wind Point, WI, 1937)

존슨 왁스 그룹의 허버트 존슨(Herbert F. Johnson)을 위한 저택 「윙스프레드」는 바람개비 같은 4개의 날개가 각 기능으로 구분되며, 그 중심에 거대한 벽난로를 둔 풍차형 거실이 있다.

바람개비 형태의
「윙스프레드」전경.

대가로서의 면모

　미국 대학들은 대부분 전통적인 유럽풍의 건물을 모방하여 지었다. 라이트는 그런 것이 미국 건축문화 발전에 장애가 된다고 보았다. 가정집이 인간의 욕구를 충족시키는 가정적이고 정신적인 건물이어야 하듯, 대학도 교육시설로서 학생과 교직원에게 영감을 주는 건축이어야 한다고 그 중요성을 강조했다.

　1938년 플로리다 대학 총장 스피베이(Ludd M. Spivey)의 과감하고 끈기있는 설득으로 그는 10개의 캠퍼스 건축을 계획하게 되었다. 미국 대학이 그 대지와 목적과 시간을 연관시켜 종합적으로 계획된 것은 처음 있는 일이다. 이 캠퍼스는 플로리다 중심부 호숫가에 지어졌는데, 따뜻한 겨울 기후가 개방적인 설계를 가능하게 했다. 콘크리트 블록, 쏟아부은 콘크리트, 철과 유리로 된 건축적 문법이 캠퍼스 전체에 통일감을 주도록 설계되었다. 여러 해 동안 기금이 마련되는 대로 다양한 건축물들이 건설되었다. 산책길로 각 건물이 연결되었는데, 이 원리 역시 나무가 뿌리로부터 성장하는 것처럼 건축도 성장 가능하다는 원리를 실천에 옮긴 좋은 예이다.

그는 대학들로부터 끊임없는 강의 요청을 받았는데 그때마다 자신의 개념들을 정의하여 학생들로 하여금 건축의 의미와 중요성을 알 수 있도록 영감을 불어넣어 주었다.

미국과 유럽에서는 작품전시도 요청해왔다. 1939년에는 영국 조지 왓슨(George Watson) 경으로부터 강의(설그레이브 매너 위원회(Sulgrave Manor Board)에서 해마다 개최되는 강의) 요청을 받았다. 그래서 그해 봄 아내와 딸과 함께 강의를 위해 런던으로 여행을 떠났다. 그는 후에 그때의 강의 주제였던『유기적 건축 *Organic Architecture*』이란 제목의 책을 발간하였다. 그가 가는 곳마다 청중이 몰려 인산인해를 이루었다. 그는 '영국왕립건축가협회'에서 금메달을 수여받았으며, 1941년에는 조지 왕의 생일 축하기념으로 건축가에게 수여되는 금메달도 받았다.

미국으로 돌아온 후 2년 동안 그의 건축활동은 계속되었으나 제2차세계대전으로 미국의 건축은 전쟁에 필요한 것 이외에는 모두 중단되었다. 전쟁을 치르는 동안 실지작업으로 이루어지지는 않았으나 그의 창조적인 작업은 계속되었다. 그렇게 제안된 몇가지 프로젝트 중 하나는 정부에게 매사추세츠 주 피츠필드(Pittsfield) 근처에 100에이커 당 100개의 주택을 짓자는 것이었다.

건축가 라이트는 여전히 저렴한 집을 디자인했는데, 1942

년에는 '범 타입(Berm Type)'의 집을 처음 제안하기도 했다. 범 타입의 집이란 건물 외벽에 흙을 쌓아 올림으로써 좁은 통로(berm)를 만들고, 이를 통해 단열 효과를 얻어 경비를 절감한다는 것이다. 디트로이트자동차 회사 근무자를 위한 공동숙소도 창턱까지 흙을 덮어 보호하도록 설계되었는데, 이 둑은 풀과 클로버로 덮여 장관을 연출했다.

라이트는 70대가 되어서도 왕성한 작업을 하였으며, 작은 프로젝트의 섬세한 부분까지도 신경을 썼다. 스태프들의 스케치까지도 자신이 관장하고, 고객과도 직접 상담하는 완벽함을 보였다. 이때는 「구겐하임 미술관」이 뉴욕에 수많은 현대회화를 소장할 미술관을 지을 계획을 하고 있을 무렵이다.

「구겐하임 미술관 Solomon R. Guggenheim Museum」
(New York, 1943~1959)

미술관 측에서 라이트에게 몇 가지 스케치를 의뢰해왔다.

뉴욕의 상자와 같은 건물 사이에서 유기적 형태로 특성을 나타낸 「구겐하임 미술관」(증축 이전의 모습).

그리하여 20세기 건축을 대표할 가장 위대한 예술작업이 시작되었다. 「구겐하임 미술관」 증축 계획은 보도된 직후부터 완성과정까지 뉴욕시민들과 관계자들의 관심을 끌었다. 그러나 그만큼의 장애도 따랐다. 뉴욕시 건축심의위원들은 시의 규정에 맞추어 계획을 수정할 것을 주장했다. 왜냐하면 그와 같은 건물을 본 일이 없었기 때문이다. 위원들은 나선형태에 거부반응을 보였고, 미술관 바닥이 연결되어 방화구획이 성립되지 않는다고 주장했다.

이런 사정에도 불구하고 건물의 부동산 가격은 계속해서 폭등했다. 원래 아이디어에 대해 많은 의심과 불신이 끊이지 않았으나, 라이트는 16년간 투쟁한 끝에 자신의 설계를 이루고야 말았다.

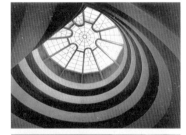

그의 연속성에 대한 원리는 상승하는 나선형 내부공간과 경사로의 조형적 조화가 이루어내는 절묘한 아름다움으로 증명되었다. 철근 콘크리

상―대공간을 중심으로 전시장 공간이 연속성을 가지며 유기적으로 연계.
하―연속성을 가진 전시공간의 종착지.

트의 기술적 가능성을 보여준 구겐하임의 나선형 건축은 전 세계 예술애호가와 학생들을 유도하는 구심점이 되었다. 라이트는 그의 유작인 「구겐하임 미술관」을 통해 건축역사에 길이 남을 가장 위대한 형태를 탄생시켰고, 200년 앞선 예언자로 미국의 자존심을 높였다.

「모리스 상점 V.C. Morris Gift Shop」
(San Francisco, CA, 1948~1950)

1956년 「구겐하임 미술관」이 준공된 이후, 사람들은 「모리스 상점」의 디자인이 어떤 측면에서 「구겐하임 미술관」에 영향을 주었다고 믿게 되었다. 「모리스 상점」의 램프는 1, 2층의 수직체계에 있어 중요한 요소이지만, 미술관에 비해 그다지 큰 건축어휘로 작용하지 못하였다.

전체적으로는 기존 상점의 개조였고, 정면의 계획에 있어서

「모리스 상점」은 무창의 전체 파사드에서 유일하게 열린 진입부의 아치가 강한 매력을 주고 있다.

는 '공중(中空)의 벽돌'과 특이한 아치로 개방된 유리문을 사용하였다. 본래의 기능은 의류점이었으나, 현재는 화랑으로 사용되고 있다.

「유니테리언 교회 Unitarian Church/Meeting House」
(Shorewood Hills, WI, 1947~1949)

　이 교회설계를 의뢰받았을 때 그는 예배보는 데 이상적인 분위기를 새로이 찾았다. 그는 아내와 이 문제를 의논했다. 라이트의 부인은 남편 작품의 편견 없는 심판자였다. 그는 올기반나의 비례(proportion)에 대한 감각, 색채와 형태의 판단력을 믿었고, 종종 설계실로 불러 새로운 계획에 대한 의견을 묻기도 했다.
　그녀는 삼각형으로 디자인할 것을 제안하였다. 설교자가 세모꼴 정점에 서게 되고, 모든 신도는 그를 향해 초점을 맞추게 된다. 지붕도 온화함과 사랑을 상징하는 '기도하는 두 손'으

두 손을 모은 듯한 지붕과 삼각형 설교단이 강조된 「유니테리언 교회」의 외관.

로, 삼각형 모양이다. 이 교회는 그의 특출한 재능이 돋보이는 아름다운 설계 중 하나로 남게 되었다.

1947년 당시, 미국의 크고 작은 교회는 대부분 식민지 시대 풍의 호리호리한 형태에 꼭대기에는 첨탑을 갖추고, 정문은 지극히 고전적인 형태를 고수하고 있었다. 라이트는 이러한 형태가 20세기의 미국에는 전혀 어울리지 않는다고 생각했다. 라이트는 이렇게 말했다. "일신론에서는 모든 사물의 조화와 통일을 주장한다. 나는 이 교회건물을 설계할 때 총체적인 조화를 표현하고자 했다. 그 방편으로 사용한 것이 바로 삼각형 구조이다. 이 건물의 지붕은 삼각형으로 되어 있으며, 이러한 형태를 통해 우리는 첨탑에 의지하지 않고도 하나님께 경의를 표현할 수 있다."

「그리스 정교회 Greek Orthodox Church」(Wauwatosa, WI, 1956)

「유니티 교회」와 유사한 개념으로 본당과 부속건물(사제관, 유치원)로 이루어졌으며, 본당은 원형건물이 4개의 구조체 위

네 개의 구조체 위에
올려진 원형의 형상을 한
「그리스 정교회」 외관.

에 놓인 형상이다.

본당을 빙 둘러 나 있는 아치 형태의 개구부도 모두 원형으로 통일되어 있다.

「프라이스 타워 Harold C. Price Co. Tower」
(Bartlesville, Oklahoma, 1952~1956)

「프라이스 타워」에서 사용한 4중 구성 방식은 1929년의 「세인트 마크 타워」에 쓰였던 방식을 보다 발전시킨 형태였다. 「세인트 마크 타워」 설계 당시에 라이트는 건물 중심에 초석을 심고 성능이 보강된 콘크리트를 사용한 각 층은 모두 캔틸레버 형태로 만들것을 제안했다. 「세인트 마크 타워」가 임대 아파트로 기증된 후, 거실은 2층의 사분원 중 하나를 차지하게 되었고, 이 거실이 내려다보이는 1층과 2층 사이에 자리잡은 두 개의 침실에는 옥외 발코니로 연결된

상-바람개비 형태의 「프라이스 타워」 평면도.
하-「프라이스 타워」 건물 외관.

문이 나 있다. 「프라이스 타워」는 주로 사무실용으로서 각 층의 사분원 중 하나만이 주거용 공간으로 제공된다.

「1마일 고층빌딩 One Mile-High/High-Rise Building」
(for Chicago, IL, 1956) 프로젝트

1956년에 그는 세계에서 가장 높은 고층건물에 대한 아이디어를 발표했다. 그것은 당시 세계에서 가장 높은 「엠파이어 스테이트 빌딩 Empire State Building」보다 5배가 더 높은 마천루였다. 이 프로젝트의 뼈대는 나무와 같은 원리이다. 즉 총체

「1마일 고층 빌딩」 계획안.

적인 구조는 가볍고 강하게 하면서 수직 코어(core)15)로부터 확장하는 개념이다. 총 528층의 에어컨디션, 조명, 난방시스템 등의 설비를 위한 수직 코어가 중앙 구조를 겸하고, 외부 유리표면에는 햇빛 차단을 위한 금속차양이 설치되어 있다.

이 계획안은 「존슨 타워」와 「프라이스 타워」처럼 또다시 나무의 뿌리를 기초로 사용했다. 이 기초는 암반까지 도달하여 구조적으로 최고의 견고함을 의미한다. 안정된 중심 코어와 서스펜션 케이블(suspension cable)16)로 인해 강한 풍압에 견딜 만큼 유연한 구조이다. 이 선구

적 구조개념은 철과 유리 기법(철골 구조와 유리 벽체를 사용하여 가벼움과 투명성을 강조하면서도 하중에는 문제가 없도록 하는 기법)처럼 하늘로 치솟는 형태로, 이는 대지 깊숙이 박혀 있는 듯하다. 이 건물은 뉴욕이나 시카고처럼 대도시에 위치한 것이 아니라는 데 또 하나의 특징이 있다. 이 건물을 사용하는 사람들이 자유로운 공간적 여유를 갖는 전원에서 살면서 손쉽게 직장으로 운전해 갈 수 있는 곳을 대지로 하고, 차는 이 건물 바닥까지 도달하여 편리하게 주차할 수 있도록 테라스를 만들었다. 이 건축이 실현되었다면 현대 사무소건축에 많은 영향을 주었을 것이다.

「마린 시청사 Marin County Civic Center」
(San Rafael, CA, 1957~1966)

라파엘 시는 샌프란시스코의 북쪽에 위치한 부촌이다. 3개

「마린 시청사」 건물 전경.

의 언덕을 연결한 계곡 사이에 걸친 관청 건물로, 모든 건물이 아름다운 산세와 조경 속에 통합된 원의 이미지로 이루어졌다. 정부청사를 교외로 분산시키는 아이디어는 이미 『사라지는 도시』에서 언급된 것인데, 이 프로젝트는 실제로 실현된 사례가 되었다.

「마린 시청사」를 설계할 때까지도 라이트의 주요작품들은 주택이 대부분이었으나 말년에 공공건축물도 많이 수행하였다.

실현되지 못한 바그다드 프로젝트

1957년 봄에 그는 이라크의 바그다드에 초대되었으며, 이라크 정부는 그에게 오페라 하우스, 우체국, 문화센터의 계획을 의뢰하였다. 그는 오래전부터 페르시아(Persia)와 슈메리아(Sumeria) 문화를 동경해왔었는데, 이는 그들의 국가적 유산이 그의 상상력에 영감을 불어넣어 주었기 때문이다.

오페라 하우스는 공원 안에 있고 거대한 원형으로 디자인되었는데, 넓은 원형 녹지대로 둘러싸인 주차장 바닥면에서 램프(ramp, 경사로)로 접근된다. 돔처럼 생긴 지붕은 건물 밖으로부터 솟은 두 개의 강철구조로 받쳐져 내부에서 만나고, 무대 상부에 아치를 형성한다. 이러한 격자 초생달은 아라비안 나이트의 다양한 전설을 보여주는 것이다.

초생달 기저에서 층층이 물이 솟아 녹색정원인 다른 바닥면으로 흘러내린다. 오페라 하우스 지붕 위 둥근 격자 형체는 알

라딘의 요술램프가 조각된 추상적인 것이다. 성경의 전통에 따르면 티그리스(Tigris)와 유프라테스(Euphrates)의 땅은 문명의 발상지인데, 라이트는 티그리스강 작은 섬 위 가든 파크(Garden Park)에 건물을 그렸던 것이다. 중앙의 아담과 이브의 조각들은 다양한 민족들을 나타낸 돌상으로 둘러싸였다.

이 바그다드 프로젝트에는 갤러리, 미술관, 시장, 간이건물들이 포함되었고, 도시중심을 위해 우체국까지 디자인되었지만, 갑작스러운 이라크의 혁명과 격변으로 인해 취소되었다.

「파이퍼 저택 Arthur E. & Bruce Brooks Pfeiffer in Taliesin West」
(Scottsdale, AZ, 1971~1972)

본래는 1938년 캘리포니아 주 팔로스 베데스(Palos Verdes)에 제스터(Ralph Jester)를 위한 집으로 라이트가 계획했던 것인데, 후에 파이퍼(Bruce Brooks Pfeiffer, 라이트의 모든 것을 검증하고 있는 제자)가 원래의 설계 대로 「탤리에신 웨스트」 내에 건축한

원형의 방들을 사각틀에
묶어 놓은 「파이퍼 저택」의 전경.

것이다.

대부분의 방은 완전한 원형으로 설계하였다. 이러한 원형 방들은 사각의 집터 위에 서로 떨어진 형태로 배치되어 있으며, 방 사이의 어색한 틈새 공간은 테라스를 이용하여 메웠다. 이렇게 원형으로 디자인된 방에는 구석이라는 개념이 없으며 공간의 흐름 역시 보다 매끈하게 이어진다. 외부창은 위아래 폭이 좁은 밴드 형태의 긴 유리를 사용하였으며, 앉아서 밖을 내다볼 수 있도록 45cm 높이에 배치하였다. 외부창과 균형을 맞추기 위한 방편으로 테라스 쪽 창은 풍부한 빛을 받아들일 수 있도록 하였다.

마지막 생애

그가 세상을 떠나기 몇 주 전까지도 그는 애리조나 주립대학교를 위해 미술센터(Fine Arts Center)를 디자인했다. 여기에는 강당, 연주홀, 드라마를 위한 교실, 미술학과 사무실이 포함되었다. 이 건축은 라이트가 인생의 많은 부분을 보냈던 곳인 애리조나 주에 지어진 첫 번째 공공건물로 그의 사후에 완성되었다.

라이트는 그의 일생 동안 수없이 많은 작품을 창조해냈다. 그의 생애 마지막 10년 동안은 특히 더욱 많은 상과 칭호, 메달을 받았다. 이를 기념하기 위해 1951년에는 플로렌스의 '팔라조 스트르지(The Palazzo Strzzi)'에서 '살아있는 건축 60년(Sixty Years of Living Architecture)'이란 전시회가 열렸다. 또한 그는 자신의 삶과 작품에 대한 많은 책을 썼다. 1954년에는 『자연의 집 *The Natural House*』라는 책을 펴냈는데, 이 책은 '유소니언 홈 (Usonian Home)'과 '유소니언 오토매틱(Usonian Automatic)'으로 불리는 새로운 개념을 논한 '건축주가 지을 수 있는 집'의 내용이다.

1955년에 그는 위스콘신 대학으로부터 순수예술분야의 명예 박사학위를 수여받았다. 학위를 받은 즉시 그는 「영원한 법칙 The Eternal Law」으로 불리는 논문을 쓰기 시작했다고 한다. 그런가 하면 1956년 10월 17일을 '시카고 라이트의 날(Wright Day in Chicago)'로 선언한 시카고 시장 데일리(Richard Daley)에 의해 큰 영예를 얻었다. 또한 오클라호마 바틀레스빌(Oklahoma Bartlesville)의 「프라이스 타워」 건설을 축하하는 『타워 이야기 *The Story of the Tower*』라는 책을 출간했다. 같은 해인 1956년에는 마침내 「구겐하임 미술관」 프로젝트가 착공되었다. 그가 「구겐하임 미술관」 작업을 위해 뉴욕에 거처한 「플라자 호텔 (Plaza Hotel)」 방은 '동부 탤리에신'이라고 불렸다.

1958년 90세 때 라이트는 또 다른 책인 『증언 *A Testament*』을 발간했다. 라이트의 문서 보관자인 파이퍼에 의하면 "20세 기에 그의 작업과 예술이 어떤 위치에 있는지에 관한 마지막 언급을 하고 있다"고 평가한다. 같은 해에는 31개의 프로젝트 의뢰가 들어왔다. 지금까지 진행중인 것을 포함한 총 수는 166건으로, 놀랄 만한 작업량을 소화했다는 것을 알 수 있다. 그런 와중에도 그는 『살아 있는 도시 *The Living City*』를 출간해 냈다. 그리고 그의 사후에 완성된 「구겐하임 미술관」의 감독작업을 계속했다.

그의 마지막 디자인은 위스콘신의 「탤리에신」에 위치한 벽이 있는 정원 설계였다. 그것은 부인을 위한 것으로, 그들의 아름다운 은퇴를 의미하는 작품이었다. 정원은 「탤리에신」 언덕의 경사 속에 있고, 서북쪽에 높은 벽이 있는 직사각형 형태이다. 한 면은 사랑스러운 계곡과 언덕 그리고 「로미오와 줄리엣 타워」가 바라다 보이는 쪽으로 열려 있다. 두 개의 거대한 원형입구는 정원 쪽으로 열려 있고, 반원형 계단은 이들 문게이트(Moon Gate)로부터 정원 내부에까지 연결된다. 둥근 연못(Aquamarine-Blue Pool)으로부터 솟은 붉은 금속으로 된 원반으로 분수가 분출된다. 뜰에는 금속과 유리 테이블, 정원의자, 백색 섬유로 된 파라솔이 놓였는데, 이는 모두 올기반나가 디자인하고 「탤리에신」에서 제작한 것이다. 손님들과 직원들 그리고 학생들이 라이트 부인의 장미정원에 종종 초대받았다.

대부분의 사람들이 은퇴하거나 작업에서 손을 떼는 80대가 넘는 나이에도 라이트는 건축 형태를 지속적으로 변형·발전시키며 최고의 상상력을 발휘했다. 그는 마지막 세상을 떠나기 며칠 전까지도 일에 헌신하였다. 라이트가 제도실에서 일하거나 지도하지 않을 때는 들판을 보며 연구한다든가 농장을 위한 설계, 농사일, 집 안을 꾸미는 일을 휴식으로 삼았다.

그는 모든 종교를 수용했다고 한다. 깊은 신앙의 소유자이지만 일상적인 종교인은 아니었다. 그는 끊임없이 글을 썼고,

라이트와 그의 훌륭한 조언자인 부인 올기반나.

드로잉과 실습생 지도에 수 많은 시간을 보냈으며, 매주 일요일 아침마다 교수와 학생들에게 강의를 하였다. 그는 많은 사람들에게—부자이건 가난하건, 재능이 있건 없건, 그들이 호기심을 갖건 갖지 않건 상관없이—시간을 할애하였다.

그가 부인과 함께 사랑스러운 '탤리에신 펠로우십'을 설립하였기 때문에 그의 소원에 따라 그의 부인은 계속 도제교육을 추진하였다. 라이트 재단에 소속된 '탤리에신 연합 건축(Taliesin Associated Architecture)'이라는 그룹은 오랜 동료인 피터(William Wesley Peters)에 의해 운영되어 왔다.

「탤리에신 웨스트」의 실습생들은 스스로 사막에 텐트를 치도록 권유받는다. 위스콘신에서는 그들의 방 실내를 직접 디자인하고 이를 승인을 받아야 한다. 각 학생은 각기 다른 펠로우십 생활과 작업에 참여할 수 있다. 과외활동으로는 탤리에신 성가대, 실내악, 댄스가 있다. 이밖에 수공예, 직물, 도자기 공예, 모자이크, 목공예도 있다. 또한 모든 사람들은 「탤리에신」의 자생력을 유지하는 농사일과 채소 가꾸기, 꽃밭 가꾸기를 분담한다.

라이트는 예술이나 철학 혹은 종교 어느 분야에서든 자연에 대한 남다른 감각을 소유했다. 그 스스로가 육체와 정신이 함께하는 존재여서 그 둘 사이에는 장벽이 없다고 믿었다. 그는 항상 시간을 초월하였고, 그의 창조적 추진력은 그가 세상을 떠난 1959년에 절정에 이르렀다. 건축적 상상력의 새로운 경지로 입문한 것이다. 그는 죽음에 연연하지 않고, 오로지 삶에만 열중한 위대한 건축가였다.

라이트는 전 생애 동안 1,100개 이상의 프로젝트를 했고, 거의 3분의 1이 그의 마지막 10년 동안에 이루어졌다. 그는 자기 재개발을 위한 놀랄 만한 능력을 가지고 있었다. 그리고 진정한 미국적 건축을 창조해내기 위해 부단히 노력하였다. 지금 현재까지도 그의 작품, 저술 그리고 그에게 수련받은 수백 명의 도제건축가들(Apprentices)을 통하여 그의 사상은 전세계로 확산되고 있다.

주

1) 탤리에신의 도제교육 프로그램. 또는 그 도제교육을 끝내고 탤리에신의 추종자로 인정된 건축가.
2) 프뢰벨(1782~1852)은 독일의 교육가로 유치원의 창시자(1827)이다.
3) 유기론(有機論)이란 자연적이며 생물적인 것으로 서로 연관성을 가지며, 각 부분이 서로 완전히 분리될 수 없는 사상이나 사물의 종합적인 파악을 의미한다.
4) 프레리는 북아메리카 대륙 중앙부에 위치한 대초원을 말한다.
5) 김태영, 「라이트 주택에 나타난 풍토적 특성」(『이상건축』, 1993년 11월호).
6) 한쪽은 고정단, 다른 한쪽은 건물에서 벗어난 자유단으로 된 보. 철근 콘크리트 구조에 있어서 햇빛을 막거나 경쾌하게 보이게 하기 위해 많이 쓰이는 건축 구조.
7) 시선을 막기 위하여 다양한 재료로 간단하게 조립해서 세운 칸막이.
8) 토탈디자인이란 건축뿐 아니라 건축과 관계되는 인테리어와 가구 그리고 집기를 통합적으로 디자인해야 한다는 라이트의 작품특성을 의미한다.
9) Paul Laseau·James Tice, 『건축형태와 원리』(진경돈·박종호 공역, 미건사, 1995).
10) 김태영, 앞의 글.
11) 건물 정면의 입면(立面)을 가리키는 건축용어. 파사드(facade)는 장식적인 면, 당당한 면 등 디자인으로서 중요시되는 뒷면과 옆면을 가리키기도 한다.
12) 고대 이집트 사원의 탑문(塔門). 문 등의 양쪽에 세운 탑.
13) 지붕의 부재를 삼각조직으로 결구(結構)하여 부재응력이 정역학적(靜力學的)으로 산출될 수 있도록 설계된 구조.
14) 벽돌, 돌, 블록 등과 같이 작은 재료를 교착재를 사용하여 쌓아 구축한 구조.
15) 건물 내외 수직교통과 설비시설 등이 한곳에 직결된 부분.
16) 강력한 철근을 종횡으로 걸고 각각을 상하로 당겨서 강성을 갖게 하는 케이블 구조.

참고문헌

Bruce Brooks Pfeiffer, *FRANK LLOYD WRIGHT*, Taschen, Köln, 1991.

Iovanna Lloyd Wright, *ARCHITECTURE/Man in Possession of his earth/Wright*, Doubleday & Co., Inc., Gardencity, NY, 1962.

Terence Riley with Peter Reed, *Wright Architect*, The Museum of Modern Art, New York, 1994.

Wright Foundation, *Wright*, Volunteer Manual, 1993.

http://www.infowest.com/business/g/gentle/yurt.html

http://www.guggenheim.org/the_building.html

http://www.pbs.org/flw

프랭크 로이드 라이트 자연을 품은 공간디자이너

초판발행 2004년 9월 30일 | 2쇄발행 2009년 1월 30일
지은이 서수경
펴낸이 심만수 | 펴낸곳 (주)살림출판사
출판등록 1989년 11월 1일 제9-210호

주소 413-756 경기도 파주시 교하읍 문발리 파주출판도시 522-2
전화번호 영업 · (031)955-1350 기획편집 · (031)955-1357
팩스 (031)955-1355
이메일 book@sallimbooks.com
홈페이지 http://www.sallimbooks.com

ISBN 89-522-0292-9 04080
        89-522-0096-9 04080 (세트)

값 3,300원